Die »Ständige Vertretung«

DIE »STÄNDIGE VERTRETUNG«

Kneipe, Kölsch & Politik

Herausgegeben von
Franz-Josef Antwerpes und
Friedhelm Julius Beucher

BOSTELMANN & SIEBENHAAR

Gedruckt mit Unterstützung der Privatbrauerei Gaffel Becker & Co., Köln.

1. Auflage 2001

© B&S Bostelmann & Siebenhaar Verlag, Berlin

Redaktion: Dagmar Boeck, Steffen Damm
Umschlaggestaltung, Layout und Satz: nawim96
Druck und Bindung: Druckhaus Köthen
Umschlagfotos: Daniel Biskup (vorne), Frank Ossenbrink (hinten, o.),
Archiv »Ständige Vertretung«
www.staendige vertretung.de
www.staev.de

Alle Rechte vorbehalten, insbesondere das Recht der mechanischen, elektronischen oder fotografischen Vervielfältigung sowie der Einspeicherung in elektronische Systeme.

Printed in Germany
ISBN 3-934189-69-5

INHALT

Wolfgang Clement: **Zum Geleit** 7

Bärbel Dieckmann: **Zueignung** 9

»Es ging um Spaß!«
Franz-Josef Antwerpes und Friedhelm Julius Beucher im Gespräch mit Friedel Drautzburg und Harald Grunert 11

Günter Gaus:
Womit es anfing ... .18

Horst Ehmke, Rolf Kampmann:
Einige Gedanken an eine bekannte Bürgerinitiative 19

Richard Kiessler:
Der Um ... zug 22

Klaus-Dieter Müller, Regina Zobel-Müller:
StäVsache! Oder: Nomen est Omen 26

Helmut Herles:
»Zum politischen Wirt« – Wie 1848 oder seit 1949 in Bonn, jetzt in Berlin 28

Elisabeth Binder:
»Rheinische Lösungen«: Friedel Drautzburgs Weg von Bonn nach Berlin 34

Karl Garbe:
»Wo der Rhein in die Spree fließt«: Politgastronomische Aphorismen 43

Thomas Koschwitz:
Die Radiokneipe oder: Warum ich beinahe Gastronom geworden wäre 46

Laurenz Demps:
Der Schiffbauerdamm in Berlin 52

Geert Müller-Gerbes:
Anstoß von außen 60

Rolf Eden:
Erfolgsgeheimnis: »Bonn in Berlin« 64

Konrad Beikircher:
Das rheinische Grundgesetz 68

Friedel Drautzburg:
Gaffeln, Kölsch & Gaffel Kölsch 70

Tissy Bruns:
Nur wer die Sehnsucht kennt ... weiß, was ich im Berliner Winter leide – ein Bekenntnis 78

Wolfgang Roeb:
Karneval in Berlin? 83

Harald Grunert:
»Wie man dem Karneval im feindlichen Ausland auf die Sprünge helfen kann« 88

Christoph Wirtgen:
Die »StäV« – jetzt schon ein Rheinland-Klassiker in Berlin 92

Klaus Staeck:
»Demokratie ist lustig«:
Kunst und Leben in der »StäV« 94

Jürgen Leinemann:
Zeichen für die Bonner Ultras 96

Friedel Drautzburg, Harald Grunert:
Kunst und Politik: Ein Rundgang
durch die »Ständige Vertretung« 102

Klaus Bölling:
Rede zur Eröffnung der StäV
in Hamburg 114

Claus Dieter Hübsch:
Keine Kneipe – eine Institution!
Wie die »StäV« von Berlin nach
Hamburg kam 116

Mit Streiflichtern von Norbert Bicher, Bläck Fööss, Norbert Blüm, Klaus Böger, Rut Brandt, Manni Breuckmann, Dirk Brouër, Wibke Bruhns, Heinz Dürr, Frank Elbe, Manfred Erdenberger, Mania Feilcke, Georg Gafron, Gregor Gysi, Werner Heilemann, De Höhner, Gerhard Hofmann, Erich Kaub, Wolfgang Kubicki, Jürgen Merschmeier, Jakob Mierscheid, Wolfgang Niedecken, Günter Nooke, Cem Özdemir, Jean Pütz, Günter Rexrodt, Wolfgang Roth, Hermann Schäfer, Rezzo Schlauch, Fritz Schramma, Heidi Schüller, Hermann Otto Solms, Peter Struck, Wolfgang Thierse, Guido Westerwelle, Ulrich Wickert, Angela Winkler, Klaus Wowereit und Gabriele Zimmer.

Pressestimmen 1997-2001 122
Zu den Autoren 127
Text- und Bildnachweis 130

Wolfgang Clement, Ministerpräsident von Nordrhein-Westfalen
Zum Geleit

Ein forscher preußischer Kaiser war es, der gleich die ganze Welt am deutschen Wesen genesen lassen wollte. Es ist ihm nicht gut bekommen. Harald Grunert und Friedel Drautzburg hatten ihre Ziele 1997 nicht annähernd so hoch gesteckt. Wahrscheinlich deshalb ist es ihnen geglückt, der Preußen-Hochburg Berlin rheinische Lebensart zu vermitteln, und das nicht nur gastronomisch. Die »Ständige Vertretung«, kurz »StäV« genannt, hat sich von einer heimattümelnden Bonner Nische mit Kölsch-Ausschank zur »kölschgehärteten Speerspitze des Rheinlandes im Fleische der Preußen gemausert«, wie Chronisten – sprachlich gewagt, aber zutreffend – die Kneipe am Schiffbauerdamm charakterisieren.

Wie notwendig die Stadt an Spree und Havel mehr als nur einen Schuß unverkrampfter Fröhlichkeit und Toleranz vertragen kann, belegen nicht zuletzt jene Berliner Bürokraten, die den karnevalistisch infizierten Neoberlinern aus dem Rheinland ein Ordnungswidrigkeitsverfahren angehängt haben: wegen zu lauter Musik und zu lauten Singens. Protokollierte Tatzeit: von Weiberfastnacht bis Rosenmontag.

Dabei haben die Kneipiers aus Bonn dem gesellschaftlichen Leben im noch im Werden befindlichen Berliner Regierungsviertel erst das Gefühl gegeben, grenzenlos kreativ, also so etwas wie hauptstadttauglich zu sein. Und so nebenbei haben sie mit kluger Thekenpolitik geholfen, rheinisch verwurzelte Medienleute und Beamte für Berlin zu gewinnen, statt sie im Heimweh versinken zu lassen. Dann schon lieber im Kölsch, so die Devise Grunerts und Drautzburgs. Wen immer es aus Düsseldorf, Köln oder Bonn nach Berlin verschlägt – für Stunden, Tage oder gar Jahre – er oder sie wird nicht nur dankbar dafür sein, daß es jenseits etablierter Orte des Berliner kulturellen Lebens einen rheinisch-kommunikativen Aufenthaltsort gibt. Als Rheinländer sollte er oder sie auch stolz sein, daß die Hauptstadt einen Treffpunkt hat, der ein wenig von der guten politischen Tradition des liebenswert engen Provisoriums am Rhein bewahrt hat und in Form irdischer Devotionalien zur Schau stellt. Doch die ›StäV‹ ist kein Politmuseum. Sie ist, was Friedel Drautzburgs Bonner Kneipen immer waren: Informationsbörse für Politiker, Journalisten und ganz normale Bürger.

Auch wenn es manchen Leser überraschen mag: Politiker sind auch Menschen, hungrige und durstige Menschen. Und es gibt Momente, in denen sie sich nicht über politische Strategien und nicht einmal über die unsäglichen Eigenschaften des einen oder anderen Parteifreunds austauschen wollen. Wer wie ich fast jede Woche auch mal in der Hauptstadt weilt und wem es nicht immer gelingt, abends an die vertrauten nordrhein-westfälischen Gestade zurückzufliegen, der weiß einfach das Glück zu schätzen, daß es die »StäV« gibt. Und ob es den Entwicklungshelfern Grunert und Drautzburg nun irgendwann gelingt, Preußens Metropole und ihren Bewohnern die einzig wichtigen Tage im Jahreslauf näherzubringen, oder ob das Bezirksamt Mitte alle Jahre wieder zur Karnevalszeit bitterböse Briefe zu verschicken gezwungen wird: die Wirte aus Bonn haben sich schon jetzt für das Rheinland und um Berlin verdient gemacht. Zum Wohl!

Würden Sie sich von denen da bedienen lassen?
Schumann-Klause-Bonn

Es trinken:
v.l.n.r.: WOLFGANG: Pils;
LEO: Kölsch; MARLENE: Alt, Mariacroon;
EGBERT: Pils, Zubrowka; WULF: Schorle, Mariacroon;
FRIEDEL/TRAUDI: Kölsch, Yoghourt, Retsina; WALTER: Pils,
Sense, Baco; HORST: Pils, Baco; WD: Kölsch und praktisch alles.

Bärbel Dieckmann, Oberbürgermeisterin der Stadt Bonn
Zueignung

»Rot«-Kohl, so lautete im rheinischen Bonn der siebziger Jahre eher respektlos der Name des ersten Ständigen Vertreters der damaligen DDR in der ehemaligen Bundeshauptstadt. Gemeint war Staatssekretär Michael Kohl, den die Medien später ganz bewußt in den Gegensatz zum Bonner »Schwarz«-Kohl brachten. Beide Ständige Vertretungen, die Bonner in Berlin, die Berliner in Bonn, haben bis zum Ende der DDR immer wieder für politische Schlagzeilen gesorgt, nicht selten auch dramatische. Die Geschichte hat ihre Existenz überflüssig gemacht. Schlagzeilen anderer Art liefert die derzeitige »Ständige Vertretung« in der neuen Bundeshauptstadt, die zwei findige Köpfe aus der alten Bundeshauptstadt am Schiffbauerdamm erfolgreich etablierten. Friedel Drautzburg und Harald Grunert, zwei im Szene-Kneipen-Geschäft erfahrene rheinische Gastronomen, hatten mit untrüglichem Instinkt für das, was Bonn wert ist, sehr schnell ein gastronomisches Konzept in Berlin umgesetzt, um das sie von der Konkurrenz zweifellos beneidet werden. Mit einem fotografisch-nostalgischen Rückblick auf die ›Bonner Republik‹ wurde die »StäV« zu einem Sammelbecken des Rheinlands, aber auch Anziehungspunkt für viele Berliner und Berlinerinnen, an einer Stelle, wo Berlin eigentlich besonders preußisch ist, mitten in der wilhelminischen Mitte, am Bahnhof Friedrichstraße, einen Steinwurf von »UdL« entfernt.
Keine Schiffs-Stadt-Rundfahrt auf der Spree, wo nicht die »Augen rechts« auf die Eck-Kult-Kneipe für Kölsch und Politik gerichtet werden. Bundespräsidenten, Bundeskanzler, Minister, Landespolitiker, Abgeordnete, Diplomaten, Journalisten oder Verbände-Vertreter sowie viele nach Berlin umgezogene Bonnerinnen und Bonner und Berliner und Berlinerinnen nährten sich an der wohl bekanntesten Berliner Kölsch-Quelle, bekämpften das Heimweh, befriedigten die Neugier oder glorifizierten die Vergangenheit. Hier hat aber auch die Annäherung zwischen beiden Städten stattgefunden. Für zahllose Touristen und Tagungsteilnehmer ist die »StäV« geradezu ein Muß. Es ist wie die Rückkehr nach Bonn – in Berlin.
Ich danke Friedel Drautzburg und Harald Grunert für ihren ganz persönlichen Beitrag zur »fairen Arbeitsteilung« zwischen Berlin und Bonn. Sie wird auf eine andere Art, als die vom Parlament beschlossene, geleistet. Aber sie ist erfolgreich und effektiv. Und sie zeigt bei Kölsch und Klaaf in eindrucksvoller Optik: Ohne Bonn wäre die Rückkehr nach Berlin nicht möglich gewesen.

Wie alles begann: Die Bonner Schumann-Klause

Es ging um Spaß!

Franz Josef Antwerpes und Friedhelm Julius Beucher im Gespräch mit Friedel Drautzburg (FD) und Harald Grunert (HG)

Ein Lokal wie die »Ständige Vertretung« kann nur funktionieren, wenn die Köpfe, die dahinter stehen, an einem Strang ziehen. Ihre Rollenverteilung scheint ideal aufeinander abgestimmt zu sein.

HG: Wir kennen uns, seit ich 1980 als Kellner bei ihm angefangen habe. Im Lauf der Zeit hat sich dann eine Partnerschaft und Freundschaft daraus entwickelt. Wir ergänzen uns einfach sehr gut: Friedel ist der Außenminister, ich bin der Innenminister. Er übernimmt die Repräsentation, ist oft in den Medien zu sehen, während meine Domäne eher im organisatorischen Bereich liegt. Die »Ständige Vertretung« steht sowohl für die Kultur des Rheinlands als auch für die politische Kultur der alten Bundesrepublik. Und diese Inhalte werden ebenfalls von uns beiden repräsentiert. Ich bin der Karnevalsbeauftragte, bei Friedel steht schon aufgrund seiner Biographie die politische Schiene im Vordergrund.

FD: Seit dem Karneval 2000 ist Harald Grunert öfter im Fernsehen gewesen als ich!

Lassen Sie uns zunächst auf die »politische Schiene« zu sprechen kommen, die ja – wenn man so will – zur Vorgeschichte der »Ständigen Vertretung« gehört: Nicht von ungefähr ist ihr Lokal so eine Art Museum der ›Bonner Republik‹.

Herr Drautzburg, was hat Sie damals dazu veranlaßt, gemeinsam mit Günter Grass Wahlkampf für Willy Brandt zu machen?

FD: Grass hatte zusammen mit Siegfried Lenz schon 1965 eine sozialdemokratische Wählerinitiative für Willy Brandt auf die Beine gestellt, der sich ja sehr den Künstlern und Intellektuellen geöffnet hatte. Er war der erste Bundeskanzler der Nachkriegszeit, der eine Versöhnung zwischen Geist und Macht gesucht hat. Auf einer dieser Veranstaltungen habe ich Grass kennengelernt. Auf seine Frage, ob ich Lust hätte, ihn zu unterstützen und mitzumachen, habe ich natürlich mit Begeisterung reagiert. Zum einen, weil wir die verschiedensten illustren Persönlichkeiten kennenlernen konnten, mittendrin waren, und zum anderen, weil Willy Brandt für uns in der Tat so etwas wie ein Idol war. Als Verfolgter des Nazi-Regimes und zurückgekehrter Emigrant war er sozusagen die Personifizierung unserer politischen Vorstellungen und zudem ein Garant für die Beendigung der Adenauer-Ära. Man kann diese Zeit heute schönreden, nostalgisch verklären, aber es war schon schlimm! Man muß einfach mal daran erinnern, daß damals noch Homosexuelle ins Gefängnis gehen und Strafverfahren am Hals kriegen konnten. Und daß uneheliche Kinder nicht erbberechtigt waren. All diese Dinge sind ja erst im ersten und zweiten Jahr unter Willy Brandt als Bundeskanzler geändert worden.

Können Sie Ihr Verhältnis zu Grass noch ein wenig genauer beschreiben?

FD: Wir freundeten uns an und faßten Vertrauen zueinander.

Originalkarikatur von Murschetz mit der Unterschrift von Willy Brandt

Er war elf Jahre älter als ich, aber wir sahen ähnlich aus. Und so sind wir ein halbes Jahr im VW-Bus auf Tour gegangen, nach einem präzise ausgearbeiteten politischen Schlachtplan. Grass hat gesagt, wir gehen in katholische Landstriche und suchen vor allem solche Wahlkreise auf, in denen die CDU die absolute Mehrheit hat. Ich selbst bin katholischer Eifeler und weiß,
wovon ich rede. In unserer Gegend wurde CDU gewählt, weil es als Synonym für christlich angesehen wurde. Und da fielen wir dann mit unserem Bus ein. Grass hatte einen festen Tagesablauf, mit Pressekonferenzen am Mittag. Außerdem er hat immer sehr gerne mit Schülerredakteuren – die es damals noch gab – gesprochen, weil die so unbefangen fragten und nicht so stereotyp dachten. Natürlich gab es auch Anfeindungen. Immer wieder wurden gewisse Stellen aus der »Blechtrommel« zitiert. Das ganze Werk hatte auf Nachfrage kaum einer gelesen. In Würzburg war über die Straße ein Riesentransparent gespannt: »Was macht der Pornograph in unserer Stadt?« In Cloppenburg flogen massenhaft Eier.

HG: Das ist also keine Berliner Erfindung!

FD: Ganz bestimmt nicht! Grass hat klug gekontert: »Meine Damen und Herren, hier sehen Sie, wie die CDU mit den Gaben Gottes und den Subventionen des Bauernverbandes umgeht!« Damit hatte er die Lacher auf seiner Seite. Auch wenn man nicht mit Zahlen belegen kann, daß unser Einsatz etwas gebracht hat, bin ich der Ansicht, daß er wichtig für die politische Kultur dieses Landes gewesen ist.

Wie sind Sie eigentlich Kneipenwirt geworden?

FD: Ich betreibe dieses Gewerbe nun seit über dreißig Jahren. Bis zum Fall der Mauer hatte ich in Bonn dreizehn verschiedene Lokale. Ich habe 1969 mit einem Studentenlokal angefangen, der legendären »Schumann-Klause«. Vor dem Hintergrund der gesellschaftlichen und sozialen Strömungen, die damals unser Land durchzogen, war es plötzlich möglich, daß ein Jurist mit Staatsexamen ausstieg und eine Kneipe aufmachte. Zwanzig Jahre zuvor, in der Adenauerschen Restaurationszeit, wäre das natürlich etwas ganz und gar Abwegiges und Sensationelles gewesen. Der Studierte hatte das zu werden, was er studiert hat. Wer das Abitur hatte, mußte studieren und wer Medizin studierte, wurde Arzt. Basta! Diese eindimensionalen Karrierevorstellungen wurden um 1968 aufgeweicht. Man trug jetzt lange Haare, hörte die Stones und die Beatles, rauchte Haschisch und trank viel diskutierend, aber meist diskutierte man viel trinkend ... Na ja, und die Kneipe war eben *der* linke Treffpunkt in Bonn.

Ein Vorläufer der sogenannten Erlebnis-Gastronomie?

FD: Man kann das weder mit traditionellen noch mit zeitgenössischen Gastronomie-Konzepten vergleichen. Es ging uns nicht um's Geld. Es ging um Spaß! Und zwar in einem ganz umfassenden Sinne. Es ging um das Bedürfnis, es sich gut gehen zu lassen – sowohl persönlich als auch politisch: mit dem richtigen Kanzler in der richtigen Republik mit dem richtigen Glas Wein in der Hand.

HG: Also ganz wie heute!

FD: »Mit einem Unterschied: Wenn wir keine Lust mehr hatten, dann wurde die Theke eben an die Stammgäste übergeben, die noch bleiben wollten. Diese Form der politisierten Geselligkeit wie auch die Wählerinitiative für Willy Brandt waren letztlich Vorläufer für große Umwälzungen in dieser Republik. Man sollte das nicht unterschätzen. Die späteren Bürgerinitiativen haben etwas damit zu tun, daß Grass die erste Wählerinitiative gegründet hatte. Im Wahlkampf 1973 hat er erneut angefragt, ob ich ihn auf Tour begleiten will. Selbstverständlich habe ich wieder mitgemacht – ein dreiviertel Jahr lang. Da wurde nicht über Geld geredet, man bekam nichts. Essen, Trinken und das Hotel bezahlte die Friedrich-Ebert-Stiftung oder Sponsoren. Den Bus haben wir uns zusammengebettelt. Grass war genial in solchen Dingen. Und wir als Studenten haben umsonst unsere Zeit hingegeben. Heute, wo immer zuerst nach der ›Kohle‹ gefragt wird, wäre so etwas undenkbar.

Weshalb haben Sie die Schumann-Klause eigentlich aufgegeben?

FD: Weil ich irgendwann zu alt für eine Studentenkneipe wurde. Die Studenten wuchsen nach und ich wurde immer grauer. Da habe ich mir dann gesagt: »O.K., das war's!« Ich habe die Kneipe – ohne Rücksicht auf Image oder Kurswert – an meinen damaligen Partner quasi verschenkt und habe ein Tee- und Weinhaus gegründet. Da gab's tagsüber Tee – ich hatte so um die vierzig Sorten, was 1975 unglaublich viel war – und abends verwandelte es sich in ein Weinlokal. Der Laden lief, wurde schnell bekannt. Und dann ging's

Schlag auf Schlag. Jedes Jahr ein neues Lokal. Das entwickelte sich schnell zu einer Art Sucht oder Sammelleidenschaft. Ich wollte beweisen, daß ich es an dieser oder jener Stelle, in diesem oder jenem Genre genausogut konnte. Ein legendäres Weinrestaurant war darunter, die »Elsässer Weinstuben«, in dem zeitweise auch Uli Wickert, ein Studienfreund und Gesinnungsgenosse aus studentischen Zeiten, gekellnert hat. Diese Freundschaft hat bis heute gehalten. Wie man überhaupt sagen muß, daß viele Freundschaften aus dieser Zeit überdauert haben. Deswegen sind viele Chefredakteure, Intendanten, Staatssekretäre, Minister und Kanzler, die sich damals kennengelernt haben, heute Duzfreunde. Es ist ein gut funktionierendes Netzwerk, das ohne das entsprechende gastronomische Umfeld sicher nicht entstanden wäre.

Was waren Ihre Beweggründe, sich für Bonn als Hauptstadt und Regierungssitz zu engagieren?

FD: Mir ist es nie um meine ›Pfründe‹ in Bonn gegangen. Ich bin ein durch und durch politischer Mensch. Mein Standpunkt war damals folgender: Das vereinte Deutschland bleibt dieselbe Bundesrepublik, sie wird nur größer. Der Segen der Bundesrepublik ist meiner Ansicht nach ihre föderalistische Struktur und das, was wir daraus gemacht haben.

Dieser Föderalismus erschien deshalb so segensreich, weil starke Landeshauptstädte ein Interesse daran haben mußten, eine kleine unbedeutende Bundeshauptstadt zu haben, um nicht in deren Schatten zu geraten. Hamburg, Hannover,

Düsseldorf, Frankfurt, München und wie sie alle heißen, konnten sich mit diesem kleinen, bescheidenen, provinziellen Bonn, das keine kulturelle Hegemonie anstrebte, hervorragend entwickeln und selbstbewußt auftrumpfen.

FD: Auf einer großen Versammlung habe ich meine Befürchtungen geäußert, daß man in Oslo, Amsterdam, Tel Aviv und wo auch immer bei dem Gedanken an einen mächtigen Regierungssitz Berlin verständliche Ängste bekommen könnte, die man im Zusammenhang mit Bonn nicht kannte. Bonn wurde allenfalls belacht als verschlafenes Nest – und dieses Image war ein Segen für uns. Die Tatsache, das man langsam begann, Deutschland nicht mehr aus kritischer Distanz mit Angst und Vorsicht zu beobachten, sondern als einen erwachsen gewordenen, demokratischen Bundesgenossen ansah, hing stark damit zusammen, daß aus Bonn niemals laute, nationale Töne zu hören waren. Hier ist auch nie ein Auto angezündet worden. Diese vierzig Jahre ›Bonner Republik‹ waren der friedensreichste, am positivsten besetzte Abschnitt der deutschen Geschichte. Und warum etwas ohne Not aufgeben, das eine solche Erfolgsbilanz vorzuweisen hat? Diese Frage stellte ich ja nicht nur mir.

Hatten Sie persönliche Aversionen gegen Berlin?

FD: Im Ausland ist man ja der Ansicht, daß Berlin eine jahrhundertealte Geschichte als Hauptstadt vorzuweisen habe. Tatsache ist jedoch, daß Berlin gerade einmal sechsundsiebzig Jahre lang Hauptstadt war – und eine ungeliebte dazu. Wir in Bonn hatten ein beinahe genetisch verankertes Vorurteil gegenüber allem, was aus Berlin kam. Wie bei jedem Vorurteil war vieles falsch, manches aber richtig. Ich hatte immer versucht, die Frage des Regierungssitzes nicht zu einem Städtewettbewerb verkommen zu lassen.

Weshalb sind Sie dann nach Berlin gegangen?

HG: Eines Tages hat die »Gelbe Karte«, eine Vereinigung linker Journalisten, im »Haus Daufenbach« getagt, das Friedel und mir gehörte. Da sagte plötzlich jemand: »Was machen wir eigentlich ohne euch, wenn wir nach Berlin umziehen?« Und ein anderer ergänzte: »Kommt doch mit!« Dann fiel der Dritte: »Macht doch 'ne Kölsch-Kneipe in Berlin auf!« Dieser Vorschlag war derart absurd, daß wir ihn zunächst gar nicht ernst genommen haben. Das geschah erst, als in einer ruhigen Minute ein Vierter kam und sagte: »Denkt mal darüber nach! Nicht nur in unserem eigenen Interesse, sondern auch in eurem. Das wär' doch was!« Da wurden wir in der Tat etwas nachdenklich und sind schließlich zu dem Ergebnis gekommen, daß die Sache gar nicht so abwegig war. Wenn dreißig-, vierzigtausend Bonner bzw. fünfzigtausend Rheinländer nach Berlin gingen – das waren die Zahlen, die damals rumschwirrten – mußte doch eine Kölsch-Kneipe zu füllen sein! Schließlich waren unsere Überlegungen so konkret, daß Friedel und ich nach Berlin fuhren, um die Lage zu sondieren.

Und wie sind sie dann auf den Schiffbauerdamm gestoßen?

FD: Indem wir monatelang nach Berlin gefahren sind und uns die Gegend angesehen haben. Wir wußten von nichts, aber wir hatten Pläne dabei, auf denen zu sehen war, wo der Bund in Berlin bauen würde. Wir hatten eine ziemlich genaue Vorstellung davon, wo wir hin wollten: Mitten rein, dorthin, wo die Musik spielt, wie wir es aus dem Bonner Regierungsviertel kannten. Da wir wußten, wie ein Regierungsviertel funktioniert, hatten wir natürlich einen riesigen Informationsvorsprung. Es ist uninteressant, wo die Ministerien liegen. Deren Mitarbeiter verschwinden um 16 Uhr in der Tiefgarage und fahren in ihre Schlafstädte. Wo in Bonn die Ministerien lagen, gab es überhaupt keine nennenswerten Kneipen. Aber dort, wo Journalisten verkehrten, da war was los. Und weshalb? Weil sich Journalisten ihre Informationen unter anderem in Kneipen beschaffen, sich dort treffen und austauschen. Die Kneipe ist für Journalisten der ideale Ort, um Hintergrundgespräche im öffentlichen Raum zu führen. Kein Politiker empfängt zu Hause einen Journalisten. Denn niemand will sich dem Verdacht aussetzen, in Abhängigkeiten zu geraten. Also haben wir uns gefragt: wo ist das neue Bundespresseamt, wo sind die großen Redaktionen, wo gehen dpa, Reuters und AFP hin, wo sind die Nachrichtenagenturen, die Bundespressekonferenz, die TV-Stationen?

Hier!

FD: Genau. In diesem Viertel hier, um den Bahnhof Friedrichstraße herum. Alles ist zu Fuß in höchstens zehn Minuten zu erreichen. Also gab es für uns keine Frage: Hier mußten wir uns etablieren!

HG: Als wir mit dem Stadtplan in der Hand in diesem Quartier rumschnupperten, stellten wir fest, daß ja außerdem auch noch die geballte Hochkultur hier ansässig war. Beginnend von der Distel, übers Metropol bis zur Museumsinsel, vom Friedrichstadt-Palast bis zum Berliner Ensemble, vom Deutschen Theater bis zum Hamburger Bahnhof. Allein den Bahnhof Friedrichstraße passieren 200.000 Menschen am Tag. Der Reichstag ist nicht weit, Unter den Linden ist praktisch vor der Tür.

FD: Außerdem war der Schiffbauerdamm für uns Linke ein emotionaler Topos. Brecht, Weigel, Heiner Müller. Das war einfach 'ne Adresse, da gingen einem die Nackenhaare hoch!

Fehlte eigentlich nur noch ein geeigneter Raum.

HG: Am Schiffbauerdamm gab es damals ein riesengroßes Lokal, das »Osvaldo«, das praktisch immer leer war, glatt daneben konzipiert.

FD: Das war eingedeckt wie die Kieler Segelwoche – weiße Tischdecken, dreierlei Gläser …

HG: … Servietten, Kerzen. Ein Riesenaufwand – für nichts und wieder nichts. Aber die Adresse erschien uns ideal.

Sie haben sich in West-Berlin gar nicht erst nach einem Standort umgesehen?

FD: Nein. Wir waren in einem Jahr vielleicht zweimal im Westen und haben uns jedesmal gefragt, was wir dort sollten. Den Westen kannte man ja hinreichend. Wir waren mentale Ossis!

HG: Das Ganze war natürlich ein Sprung ins kalte Wasser. Nach dem Motto: ›Schau'n wir mal, es wird schon gut gehen!‹ Zum einen mußte das Ganze in wirtschaftlicher Hinsicht auf eine tragfähige Grundlage gestellt werden, zum anderen konnten wir nicht sicher sein, ob wir uns in fremder Umgebung heimisch fühlen würden. Dieses Gefühl der Heimatlosigkeit ist ja dann sehr schnell durch die »Ständige Vertretung« selbst kompensiert worden, indem wir ein Stück des rheinländischen Lebensgefühls an die Spree importiert und an unsere Gäste vermittelt haben.

Wie kam die Zusammenarbeit mit der Gaffel-Brauerei zustande?

FD: Gaffel hat im Gegensatz zu anderen unser Konzept verstanden und unterstützt. Dafür waren sie bereit, das größte finanzielle Risiko ihrer Brauereigeschichte einzugehen. Gaffel hat sich sehr engagiert, um das Ding hinzukriegen. Aber sie haben an uns und unser Konzept geglaubt und es bis heute nicht bereut. Es gibt mittlerweile 121 Absatzstätten der Gaffel-Brauerei. Wir haben es geschafft, das »Gaffel« und »Kölsch« in Berlin als Synonyme gelten. Die meisten wissen gar nicht, daß es auch noch andere Kölsch-Brauereien gibt. Mittlerweile kommt jede Woche ein Sattelschlepper aus Köln zu uns.

HG: Und das Sensationellste ist: vor einem halben Jahr haben wir das umsatzstärkste der insgesamt 4.000 von Gaffel belieferten Kölsch-Lokale überrundet. Obwohl uns die Wenigsten eine Chance gegeben haben, waren wir von Anfang an gut besucht. Der dazugehörige Pressewirbel hat sich wie von selbst ergeben. Nachdem der Spiegel über uns berichtet hatte, veröffentlichte Elisabeth Binder fünf Spalten im Tagesspiegel. Überschrift: »Der Umzug kann beginnen, Friedel kommt!« So ungefähr. Und dann ging es Schlag auf Schlag. Mir fällt kaum eine deutsche Zeitung ein, die nicht über uns geschrieben hat.

Auch andere Kneipen verkaufen Kölsch. Was ist aus Ihrer Sicht das Besondere an der »Ständigen Vertretung«?

HG: Es gibt eine enge Verbindung zwischen dem Produkt, das wir anbieten, und der rheinischen Gastlichkeit, die man in Berlin bis dahin nicht kannte. Es geht bei der Gastronomie ja nicht nur um's Essen oder Trinken – es geht um mehr: Um das Gefühl, gastlich aufgenommen und gut behandelt zu werden. Das mußten wir nicht erst lernen, sondern haben es aufgrund unserer langjährigen Erfahrungen mitgebracht. Bei Rheinländern ist dieses Verhalten genetisch festgelegt. Was wir verkaufen, ist im Grunde dieses Lebensgefühl: Wenn du als Gast über die Schwelle trittst und ich begrüße dich mit den Worten »Wie isset?«, dann fühlst du dich doch irgendwie schon ganz wie zu Hause. Das gilt im übrigen nicht nur für Rheinländer. Wir haben viele Gäste, die nicht aus dem Rheinland kommen, für die ist das etwas im positiven Sinne Exotisches. Was den Rheinländer vor anderen Bevölkerungsgruppen auszeichnet, ist die Tatsache, daß wir dieses Gefühl, an- und aufgenommen zu sein, auf lockere, unverkrampfte Art transportieren.

Ein wesentlicher Bestandteil des rheinischen Lebensgefühls ist ja bekanntlich der Karneval, den die »StäV« in Berlin

erst so richtig populär gemacht hat. Wie haben Sie das hingekriegt?

HG: Wir haben es einfach gemacht! Ähnlich wie das Produkt Kölsch ganz schnell viele neue Liebhaber gefunden hat, ist auch der Karneval in Berlin auf einem guten Weg, ein eigenes Profil und ein breiteres Publikum zu gewinnen. Alles begann am 11.11.1997 mit dem ersten Karnevalstag in der »Ständigen Vertretung«. Neunzig Prozent der Gäste waren Rheinländer, auch solche, die seit Jahrzehnten in Berlin waren ...

FD: ... und die hatten nun plötzlich das Gefühl, in der Diaspora ihre eigene Kultur wiedergefunden zu haben ...

HG: So ist er. Friedel läßt einen nie ausreden! Aber er hat ja recht. Ein Jahr später wurde das Ganze durch den Besuch des Bonner Prinzenpaars in der »StäV«, einem Musikzug und Veranstaltungen an Weiberfastnacht und Rosenmontag noch gesteigert. Die Berliner haben durch die Fenster geschaut und nur gesagt: »Jetzt drehen sie völlig durch!« An diesem Karnevalswochenende 1998 bekamen wir wegen Ruhestörung eine einstweilige Verfügung ins Haus. Und da kam mir dann die Idee mit der Simultanübersetzungsanlage – eine echt ›rheinische Lösung‹: Jeder Gast wurde mit einem Empfänger ausgestattet, über den er die Musik hören konnte. Nach einer halben Stunde hatte allerdings das Singen und Tanzen der Gäste den zulässigen Pegel von 35 Dezibel weit überschritten. Die gesamte deutsche Presse war dabei – es war ein Mordsspaß!

Und wie ging's dann weiter?

HG: Nachdem wir auch 1999 Veranstaltungen in der »StäV« und an anderen Orten durchgeführt haben, traten Berliner Karnevalsvereine mit der Anfrage an mich heran, ob ich mich nicht als Berliner Karnevalsprinz für die Saison 1999/2000 bewerben wolle. Nach anfänglichem Zögern habe ich zugesagt und wurde dann auch einstimmig gewählt. Viele, ich eingeschlossen, waren erstaunt, daß es auch in Berlin eine richtige Karnevalstradition gab. Nur haben diese 24 Vereine mehr oder weniger unter Ausschluß der Öffentlichkeit gefeiert. Wer zum feiern ging, trug einen Mantel über dem Kostüm, um nicht aufzufallen. In meiner Funktion als Prinz Harald I. hatte ich mir vorgenommen, eine Öffnung herbeizuführen. Und das ging am besten über einen Zug. Wir haben über ein Jahr gearbeitet und viel Kritik einstecken müssen. Laut einer Umfrage im Tagesspiegel waren 92 % der Befragten der Meinung, daß Berlin so etwas nicht brauche. Das Ergebnis war, daß sich am 25. Februar 2001 über 250.000 Menschen Unter den Linden einfanden, um unserem Karnevalszug beizuwohnen. Rheinländer und Preußen sammelten gemeinsam Bonbons von der Straße, eine Frau hielt ein Plakat hoch, auf dem stand: »Danke! Darauf habe ich seit Jahren gewartet!« Eine echte Sternstunde und außerdem eine späte Genugtuung, denn die Presse mußte Abbitte leisten.

Die Mühen haben sich also gelohnt?

HG: Sie haben sich gelohnt, weil es Spaß gemacht hat. Wie mit der Kneipe haben wir auch mit der Popularisierung des Karnevals eine Idee in die Tat umgesetzt, die von vielen Menschen angenommen wurde. Ich bin davon überzeugt, daß es den Berliner Karneval ohne den Anschub durch die »StäV« in dieser Form heute nicht gäbe.

Günter Gaus

Womit es anfing ...

Die erste Ständige Vertretung Bonns in Berlin (Ost) wurde im Sommer 1974 eröffnet. Vorher hatte ich, darin Nachfolger Egon Bahrs, mehrere Monate mit dem DDR-Außenministerium über die rechtliche Grundlage dieser Mission verhandelt. Die Bundesregierung wünschte für sie einerseits so viele Rechte einer Botschaft, wie zum ungehinderten Arbeiten nötig, andererseits wollte sie aus Verfassungsgründen – die DDR wurde von uns als Staat, aber nicht als Ausland anerkannt – so wenig Botschaftsstatus wie für einen Kompromiß mit der DDR (die zunächst uneingeschränktes Völkerrecht verlangte) möglich.

Günter Gaus vor der Ständigen Vertretung in der Hannoverschen Straße

Günter Gaus mit Erich Honecker

Das in der Praxis sehr brauchbare Ergebnis war die Ständige Vertretung; im internen Amtsverkehr abgekürzt: StäV. Am 20. Juni 1974 wurde ich als der erste Leiter der Ständigen Vertretung der Bundesrepublik Deutschland bei der Deutschen Demokratischen Republik akkreditiert. Die StäV hatte dreiundachtzig Mitarbeiterinnen und Mitarbeiter aus dem Kanzleramt und fast allen Ministerien der Bundesregierung: vom Auswärtigen Amt über das innerdeutsche Ministerium, Wirtschaft, Justiz, Verkehr, Innen. Die Aufgabe der Mission war einfach zu beschreiben, aber schwer zu bewältigen: eine ständige Gesprächs- und Verhandlungsebene zwischen den beiden deutschen Nachkriegsstaaten schaffen, um aus der unpolitischen Sprachlosigkeit des Kalten Krieges (den übrigens beide Seiten geführt haben) herauszukommen. Schon im ersten Amtsjahr wurden von der Vertretung mehrere hundert Rechtsschutzfälle (Ausfuhr von Erbschaftsgut etc.) an die DDR- Behörden herangetragen; viele konnten gelöst werden. Kontinuierlich wurden die Reisemöglichkeiten erweitert. Man nannte das damals ›die Mauer durchlässiger machen‹. Über fünfhundert West-Deutsche und West-Berliner, die 1974 wegen Fluchthilfe, Devisenvergehen, schweren Verkehrsdelikten in DDR-Gefängnissen einsaßen, wurden von der Vertretung betreut. Als Leiter der StäV war ich der Verhandlungsführer der Bundesregierung für siebzehn Verträge mit der DDR, darunter zum Beispiel: das Abkommen über den Bau der Autobahn von Berlin nach Hamburg.

Heute wird gelegentlich behauptet, man hätte, anstatt 1969 Entspannungspolitik zu betreiben, auch Tee trinken können und abwarten. Das hätte den Strafbestand von zwanzig Jahren unterlassener Hilfeleistung bedeutet.

Horst Ehmke und Rolf Kampmann

Einige Gedanken an eine bekannte Bürgerinitiative

Am 20. Juni 1991 erlebte Bonn das Ende einer Kampagne, die achtzehn Monate zuvor keiner für möglich gehalten hätte. Die sogenannte Wende in der DDR hatte in kurzer Zeit Währungsunion und Deutsche Einheit gebracht.

In Bonn kam größte Unruhe auf. Alle Verantwortlichen hatten bis zum Beginn dieses Prozesses – den niemand für möglich hielt – wie selbstverständlich angenommen, daß

›Einheit‹ gleich ›Hauptstadt Berlin‹ hieß. Der Bonner Oberbürgermeister Hans Daniels (CDU) hatte im Januar beim Besuch Michail Gorbatschows noch erklärt, Bonn nehme die Hauptstadtfunktion nur stellvertretend war. Dennoch: Die Bonner wurden hellwach, das weitere Rheinland zog nach. Die ›Bonner Republik‹ stand zumindest geographisch zur Disposition. Da begann sich vor allem die mittlere und jüngere Generation, die eigentlich für ihr notorisches Unbehagen an diesem Staat bekannt war, für ihn zu engagieren. Vierzig Jahre Westanbindung wurden hochgelobt. Nicht nur geographische Gesichtspunkte standen zur Disposition. In Bonn kam in diese politisch substantiierte Diskussion noch das wirtschaftliche Problem, das ein Wegzug der Regierungsfunktionen nach Berlin nach sich zöge (Arbeitsplatzverlust, familiäre Probleme usw.) als treibende Kraft hinzu. Naheliegend, daß sich der einzelne Bürger für das Thema ungleich mehr interessierte als im Rest der Republik. Das war der Ausgangspunkt für eine Reihe von Bürgerinitiativen, die sich zeitgleich unabhängig voneinander gründeten.

Friedel Drautzburg auf dem Bonner Rathausplatz, 1991

Ziel war es, das scheinbar unvermeidliche Junktim zwischen Einheit und Umzug der Regierung nach Berlin anzuzweifeln und bundesweit zu thematisieren. Das geschah erstaunlich schnell. Was anfangs keiner für möglich gehalten hatte: Bonn kam wieder ins Gespräch. In den letzten Wochen vor der Abstimmung wiegten sich die Bonn-Befürworter sogar in siegessicherer Zuversicht. Die Diskussion ging durch die Familien und Parteien, allerdings nicht in den neuen Bundesländern. Hier wirkten offenbar vierzig Jahre nach, Bonn als Inbegriff alles Negativen aus dem Westen zu betrachten. In der Abstimmung nach zehnstündiger hitziger Debatte stimmte tatsächlich nur ein einziger Parlamentarier der PDS-Fraktion gegen den Umzug... Die Mehrheit für Berlin war mit siebzehn Stimmen äußerst knapp. Böse Zungen zischten, die PDS habe zum letzten Mal dazu beigetragen, das Land zu verändern. Festgehalten werden muß jedenfalls, daß bis heute alle, wirklich alle Umfragen in der Bevölkerung eine eindeutige Mehrheit gegen den Umzug ergeben haben. Viele der Argumente, die im nationalstaatlichen Denken oder ›Fühlen‹ wurzelten, konnten die wirtschaftlichen Besorgnisse der Bevölkerung nicht beruhigen. Im Gegensatz zu Berlin, wo es keine breite Bevölkerung gab, entstand in und um Bonn eine ganze Reihe von Bürgerinitiativen: »Jugend für Bonn«, »Forum pro Bonn« oder die in der Öffentlichkeit bekannteste »Ja zu Bonn«, während der »Bonner Bürgerbund«, bekannt unter dem Stichwort »Donnerstagsdemonstration«, in seiner Radikalität gelegentlich selbst in Bonn Ablehnung erfuhr und noch heute durch wilde Plakatierungen seine absolute Unversöhnlichkeit beweist. Der Stachel sitzt tief. Ein nie für möglich gehaltenes parteiübergreifendes Gemeinschaftsgefühl ergriff eine ganze Region. Die öffentliche Meinung nahm Notiz. Die Debatte wurde lebhafter und verschärfte sich von Tag zu Tag. Bundespräsident Richard von Weizsäcker wurde ungewöhnlich heftig für sein frühes (vielleicht entscheidendes) Votum für Berlin angegriffen. Doch war gegen die konzentrierte, beinahe einheitliche Machtausübung der Zentralredaktionen der überregionalen Presse, von Springer selbstredend bis zur »Süddeutschen Zeitung«, von »Spiegel« bis »Stern«, von unglaublich teuren Anzeigenkampagnen gegen Bonn bis zum subtilen Druck auf einzelne Abgeordnete für die Bonn-Befürworter wenig auszurichten.

Nach vierzig Jahren schimpfte man plötzlich über die »kleine Stadt am Rhein«, als sei ein kollektiver Gedächnisschwund über weite Teile des Landes gekommen.
Friedel Drautzburg war als Gründungsmitglied von »Ja zu Bonn« und später Sprecher der Initiative vom ersten Tag an dabei. Wie kaum einem anderen gelang es ihm, das Anliegen der Bonner zu transportieren. Plötzlich wurde der Alt-68er in Bonn stadtbekannt. Noch Ende 1997 schrieb der »Spiegel«: »Kein Wunder, daß der wortmächtige Alt-Linke mit seinen Aktivitäten rasch den tonangebenden rheinischen Klüngel begeisterte. Bis dahin hatte das alteingesessene Bonner Establishment den aus der Eifel Zugereisten eher links liegengelassen. Auf den Bonner Barrikaden mutierte der Bürgerschreck zum Liebling der Bürger und zum gefeierten Helden der Lokalmedien. Der Gastronom, der zu seinen Stammgästen Politiker, Künstler und Journalisten zählt, organisierte Protestversammlungen, sammelte Geld und Unterschriften, schaltete Zeitungsannoncen, trat in Talk-Shows auf.«
Drautzburg gehört zu denen, die Entscheidungen akzeptieren, aber nicht aufgeben. Mit der »Ständigen Vertretung« hat er zusammen mit seinem Freund und Partner Harald Grunert eine Botschaft Bonns in Berlin aufgebaut. Hier wird nicht nur eine Region präsentiert.

Richard Kiessler

Der Um..............

Die Entscheidung der politischen Klasse, das Raumschiff Bonn in Berlin anzudocken, fiel in den Abendstunden des 20. Juni 1991 mit 337 gegen 320 Stimmen nach einer zehnstündigen Redeschlacht. Der Riß im Parlament war fraktionsübergreifend und sprengte Familienbande. Es gab Freudentänze der auftrumpfenden Sieger und Tränen der enttäuschten Verlierer. Vor allem Volksvertreter der älteren Generation (die gar nicht mehr an die Spree umziehen mußten) ließen ihren Emotionen zugunsten der alten Reichshauptstadt freien Lauf. Hingegen galt den Jüngeren das rheinische Bonn, das fortan mit dem Stigma zu leben hatte, miefig und provinziell gewesen zu sein, als rationales Symbol des gelungenen republikanischen Neuanfangs. Das Volk – angehalten, den Gürtel enger zu schnallen – wurde lieber gar nicht erst gefragt. Die Befürworter des Umzugs von Parlament und Regierung an die Spree beschworen wehmütig die »nationale Weichenstellung« und die »Zukunft Deutschlands« – so, als folge dem halben Jahrhundert der Bonner Nachkriegsrepublik nun zwanghaft eine neue Zeitrechnung. Die Gegner des Umzugsbeschlußes gaben großherzig vor, Berlin den Weg in eine Megastadt ersparen zu wollen: Ob denn, fragten sie voller Sorge, ein alles dominierender Hauptstadtmoloch im vereinten Deutschland zu einer föderalen Zukunft der Republik passe. Und ob nicht das aufkeimende Selbstbewußtsein der neuen Bundesländer jäh erstickt oder gar unterdrückt würde. So wie niemand (natürlich auch nicht die Geheimdienste) die deutsche Einheit vorhergesehen und in den vier Jahrzehnten der Teilung keinerlei Zweifel an der Wiederherstellung der Hauptstadtfunktion Berlins gesät hatte, so überraschend war das Bemühen der am Ende knapp unterlegenen Minderheit, den Berlin-Beschluß des Deutschen Bundestages aus dem Jahre 1949 auszuhebeln und sich auf das gewonnene Gewicht der friedfertigen Bonner Republik zu besinnen.

Dort am Rhein, das Siebengebirge und die Loreley im Blick, hatte man in der Tat nicht auf gepackten Koffern regiert. Aber doch abseits der Alltagsprobleme, idyllisch und bürgerfern. In Bonn schien, unter der Woche, die politische Macht versammelt, der Geist hingegen draußen im Lande verstreut. Acht Jahre nach dem in jeder Hinsicht tränenreichen Parlamentsbeschluß wurde die Bonner Republik am Rhein (von der wir nun erfuhren, daß wir in ihr gelebt hatten) in 50.000 Kubikmeter Umzugsgut verpackt

...zug

und die Berliner Republik an der Spree wieder ausgepackt. 99,9 Prozent der Möbel, Akten und Gummibäume gelangten über die Schiene, allein die Staatsgeheimnisse in den Tresoren via LKW in die unfertige Hauptstadt. Zusammen mit allen Megaproblemen, die in einer Metropole Alltagsprobleme sind. In jeder U-Bahn läßt sich, anders als in Bonn, beobachten, daß die Spaltung der Gesellschaft in Vollmitglieder, in Teilhabende und sozial Ausgeschlossene nicht nur vorübergehend ist. In Berlin fällt es schwer, dafür blind zu sein. Doch die bohrende Frage auf Parties und Events, was denn die Berliner Republik nun sei, hat nichts von ihrem Reiz verloren. Erst nach dem Abschied aus Bonn hat dieser Terminus, für Helmut Kohl nichts als »Geschwätz«, Kontur erhalten: »Als mehr oder minder wehmütiger Rückblick auf die wohl zivilsten und wohlhabendsten Jahre unserer Republik«, befand Michael Naumann. Doch wieviel, lautete die bange Frage, würden wir davon mitnehmen können? Wie stellt sich republikanische Öffentlichkeit dar – im Zeitalter von Brot und Spielen? Was mutet eine Republik ihren Bürgerinnen und Bürgern zu – im Zeitalter der Grenzen des Wachstums? Die geschäftsmäßige Politikproduktion muß den Beweis erbringen, wie privates Wirtschaften und öffentliche Verantwortung in ein Gleichgewicht gebracht werden können – im Zeitalter der Globalisierung.

Mit der Berliner Republik, so hoffen wir am Rhein Zurückgebliebenen, gehe um Himmels willen kein Paradigmenwechsel einher: Kein Bodengewinn für Kraftmeierei und neuen deutschen Größenwahn. Keine klirrenden Militärparaden Unter den Linden vor der Kulisse protzig-preußischer Bauten. Keine Anfechtungen für großspurige Inszenierungen als Beweis neu gewonnener deutscher Normalität.

Und die übergesiedelte politische Kaste? Sie möge, statt sich in der (nur für Abgeordnete zugänglichen) »Parlamentarischen Gesellschaft« allabendlich die Hucke vollzusaufen, die Theater und Konzertsäle bevölkern, Dichtern in Lesungen lauschen und die Vernissagen der Kunstgalerien bevölkern. Die Übersiedler mögen ihrer Käseglocke am Spreebogen entfliehen, sich in Hellersdorf oder Kreuzberg an den sozialen Brennpunkten den Sorgen der Menschen annehmen, die Wohnungsnot in den Kiezen lindern helfen und die Drogenszene aufmischen.

Fortsetzung über dem Pissoir ☞

Der Antrag pro Berlin

„Vollendung der Einheit Deutschlands"

Vollendung der Einheit Deutschlands

In Einlösung seines Beschlusses, in dessen der Deutsche Bundestag seinen politischen Willen vielfach bekundet hat, die Hauptstadt Berlin als Ausdruck der Herstellung der deutschen Einheit Parlament und Regierung wieder in die deutsche Hauptstadt Berlin sollen, wolle der Deutsche Bundestag beschließen:

1. Sitz des Deutschen Bundestages ist Berlin.

2. Die Bundesregierung wird beauftragt, gemeinsam mit dem Bundestage und dem Senat von Berlin bis zum 31.12.1991 ein Konzept zur Verwirklichung dieser Entscheidung zu erarbeiten.

Die Arbeitsfähigkeit soll in vier Jahren hergestellt sein. Es dahin finden, soweit die Bundestagssitzung nicht geeignete Räumlichkeiten in Berlin findet, Plenarsitzungen nur auf Beschluß des Ältestenrates statt. Die volle Funktionsfähigkeit Berlins als Parlaments- und Regierungssitz soll in spätestens bis 12 Jahren erreicht sein.

3. Der Deutsche Bundestag erwartet, daß die Bundesregierung in ihrer Maßnahmen entsprechender Weise in Berlin ihre politische Präsenz dadurch sichert, daß der Kernbereich der Regierungsfunktionen in Berlin angesiedelt wird.

4. Zwischen Berlin und Bonn soll eine faire Arbeitsteilung vereinbart werden, so daß Bonn auch nach dem Umzug des Parlaments nach Berlin Verwaltungszentrum der Bundesrepublik Deutschland bleibt. Indem insbesondere die Bereiche in den Ministerien und die Teile der Regierung die primär verwandter Cha-

rakter sind – von der Bundesregierung einer unabhängigen Kommission erarbeitet. Vorschläge für den Verbleib des Parlamentsssitzes und Regierungsfunktionen, die Übernahme und Ausübung neuer Funktionen und Institutionen von nationaler Bedeutung im politischen, wirtschaftlichen und kulturellen Bereich zum Ziel haben.

Der Hauptstadtvertrag zwischen der Bundesregierung und der Stadt Bonn soll zu einem Vertrag zum Ausgleich und zur Sanierung der Finanzen Bonns und der Region durch die Funktionalisierten.

Die Bundestagspräsidentin wird gebeten, eine Kommission aus Vertretern aller drei obersten Bundesbehörden und von weiteren unabhängigen Personen gegen Persönlichkeiten zu berufen. Diese Kommission soll – als unabhängige Föderalismuskommission – Vorschläge zur Stärkung des Föderalismus in Deutschland auch dadurch erarbeiten, daß sie nahebringt Institutionen, die neuen Bundesländer bei der Berücksichtigung der Ansiedelung finden mit dem Ziel, daß in jedem neuen Bundesländer Institutionen des Bundes ihren Standort finden.

7. Die Ergebnisse dieser Arbeiten sollen dem Deutschen Bundestag so rechtzeitig zugeleitet werden, daß er bis zum 30. Juni 1992 dazu Beschlüsse fassen kann.

8. Der Deutsche Bundestag geht davon aus, daß der Bundespräsident seinen 1. Sitz in Berlin nimmt

9. Der Deutsche Bundestag

---

en Sitz von Parlament und Regierung

Der Geißler-Antrag

„Bundestag nach Berlin, Regierung weiter in Bonn"

Kla Artikel 7 Absatz 3 des Einigungsvertrages wird bestimmt: Hauptstadt Deutschlands ist Berlin. Die Frage des Sitzes von Parlament und Regierung wird nach Herstellung der Einheit Deutschlands entschieden.

In dem Willen, dem Einigungsvertrag zu folgen und der geschichtlichen Entwicklung in Deutschland und Europa Rechnung zu tragen, beschließt der Deutsche Bundestag:

I. 1. Sitz des Bundestages ist Berlin.

2. Sitz der Bundesregierung und der Ministerien ist Bonn.

II. Der Deutsche Bundestag ist der Auffassung, daß der Arbeit des Bundestages in Berlin und des Sitzes des Bundesrates in Bonn sein soll.

III. Das Nähere regelt ein Gesetz. Mit der gesetzlichen Festlegung des Sitzes der Bundesregierung und der Ministerien soll die Verlagerung nach Berlin eingeschränkt werden.

IV. Zur praktikablen Sicherung der verfassungsmäßigen Rechte und Pflichten des Parlaments und der Regierung zu gewährleisten.

1. Sobaltmöglich Verbesserung

sachliche Ausstattung des Parlaments, vor allem verbesserte räumliche personelle und

2. Schneller Aufbau und Ausbau leistungsfähiger Ost-West-Verkehrsverbindungen

3. Während der Sitzungswochen tagt das Kabinett in Berlin.

4. Die Ministerien sind in Berlin mit Außenstellen vertreten

V. Die Baumaßnahmen des Parlaments in Berlin sind fortzuführen. Der notwendige Baumaßnahmen für das Parlament in Berlin sind sofort zu beginnen und zu beschleunigen, um die volle Arbeitsfähigkeit des Parlaments in Berlin nachzukommen und so bald wie möglich zu gewährleisten.

VI. Bei den künftigen Entscheidungen über Standorte von Bundeseinrichtungen ist dem bundesstaatlichen Aufbau Deutschlands verpflichtet. Rechnung zu tragen. Die Bundestagspräsidentin wird gebeten, eine Kommission aus Vertretern aller Verfassungsorgane, der Länder und der Obersten Bundesbehörden zu berufen. Diese Kommission soll – als Unabhängige Föderalismuskommission – Vorschläge zur Verwaltung, nationaler Institutionen erarbeiten, die der Stärkung des Föderalismus in Deutschland dienen soll.

In jedem der fünf neuen Länder sollen mindestens Bundeseinrichtungen angesiedelt werden, damit mindestens das Gewicht der Bundesaufgaben, Neue Bundeseinrichtungen sollen so lange in den neuen Län-

Der Antrag der PDS

Alles sofort nach Berlin

Entwurf eines Gesetzes zur Festlegung des Sitzes von Parlament und Bundesregierung.

Der Bundestag hat das folgende Gesetz beschlossen:

§ 1 Hauptstadt Deutschlands ist Berlin.

§ 2 Sitz von Parlament und Bundesregierung ist Berlin.

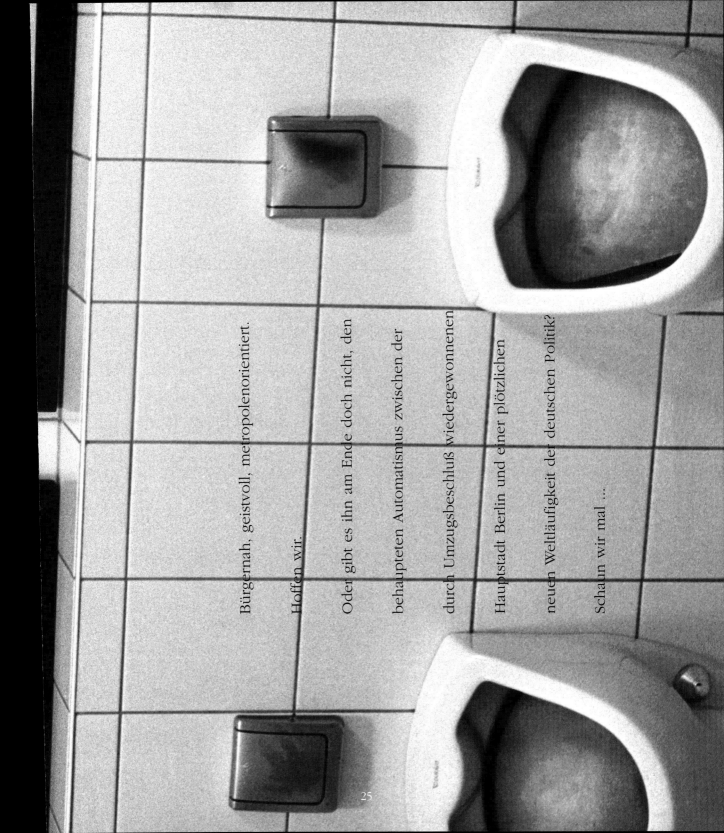

Bürgernah, geistvoll, metropolenorientiert.

Hoffen wir.

Oder gibt es ihn am Ende doch nicht, den

behaupteten Automatismus zwischen der

durch Umzugsbeschluß wiedergewonnenen

Hauptstadt Berlin und einer plötzlichen

neuen Weltläufigkeit der deutschen Politik?

Schaun wir mal ...

Klaus-Dieter Müller und
Regina Zobel-Müller

StäVsache!
Oder: Nomen est Omen

Nur noch vierundachtzig Fragen bis zur Million! Kommen wir jetzt zur 1,50 Euro-Frage. Soviel müssen Sie eventuell ab dem 1. Januar 2002 für ein Kölsch in der »StäV« ausgeben. Das wollen wir aber gar nicht wissen. Sondern: **Wie nennt man die Namensfindung und Kreation eines Markenartikels?**

Ist das
> A: Brandung
> B: Baldung
> C: Balmung
> D: Branding?

Sind Sie da ganz sicher? Ah ja? Wollen Sie vielleicht das Publikum fragen? Den Fifty-Fifty-Joker setzen? Ist das Ihr letztes Wort? Oder wollen Sie noch jemanden anrufen? Das taten Friedel Drautzburg und Harald Grunert im Frühjahr 1997. Sie riefen uns an. Die ungekrönten Häuptlinge der Bonner Polit-und-auch-ansonsten-Gastronomie hatten sich eine neue Aufgabe gestellt: »Kölsch für Berlin!« Und mußten für ihr zukünftiges Unternehmen die folgenden wichtigen Fragen lösen: Wer bin ich? Wie bin ich? Wie werde ich wahrgenommen? Und was trinken wir dabei? Gut, das letzte ist einfach, besonders wenn man »Brand« hat: Kölsch – Klar, wat sonst? Da sei Gaffel vor!

Wie denn die »Brandstätte« aussehen sollte, war den beiden auch klar: Eine Kölsch-Kneipe, ein Rheinisches Gasthaus mit Bonner Polit-Flair in Berlin, nicht zwischen »Himmel und Ääd«, sondern in »Mitte«. Wahrgenommen zu werden, würde für die jahrzehntelang zapfenden PR-gestählten Theken-Profis aus der ehemaligen Hauptstadt auch kein Problem sein, schließlich sind »zapfen« und »verzapfen« eng miteinander verwandt, »hängen« sozusagen »gemeinsam ab«, wie Journalisten bestätigen werden. Vom flüssigen Wort zum überflüssigen ist es manchmal nicht weiter als von einem Kölsch zum nächsten.
Welchen identitätsstiftenden und prägnanten Marken-Namen gibt man also einem Bonn-Berliner Gast-Haus-Ensemble am Schiffbauerdamm? Einen Namen, den sowohl der Rheinländer wie auch der Berliner versteht? Wo er sich wiederfindet und wieder findet? Für ein Haus, das er lieben und beehren wird, in guten wie in schlechten Zeiten, auf daß der Umzug euch nicht mehr scheidet, sondern vereint? Anruf Grunert: »Regina und Klaus, denkt doch mal über einen Namen nach.«
Warum gerade wir? Wenn man(n) »Müller« heißt, denkt man sowieso gerne über andere Namen nach. Außerdem machen wir in Bonn Werbung/Marketing/PR für die rheinische Buchhandelsgruppe mit den beiden nach West-Ost klingenden Eckpfeilernamen (Achtung: Product-Placement!) »Bouvier/Gonski«. Diese Aufgabe streift mitunter ebenso privat wie völlig wertfrei den noch rudimentär vorhandenen Kreativitätsbereich des Werbers und schafft Platz für freies Assoziieren – mit und ohne Kölsch.
Drautzburg, Grunert und die Müllers: Wir kennen uns schon ein paar Jahre.

»Ich kenne dich, du kennst mich, wir helfen uns.« Was im übrigen keine Definition des »Klüngelns« an sich ist, sondern eine der rheinischen Weisheiten von Konrad Adenauer. Es folgten schwere Tage. Und die in dieser Zeit entstehenden Geisteskinder lassen sich verallgemeinernd in zwei Kategorien einteilen:

1. Die Kalauer:
Am Anfang war das Wort, und das Wort ist komisch: Dann wird aus dem Tiergarten der Biergarten und aus dem Karnevalszug die A-laaf-Parade. Alle diese Versuche, wie zum Beispiel »Egons Bar«, »Baracke« oder »Köbes Underground«, »Klüngelpütz« etc. schieden schon in der Vorrunde aus, ebenso schwer zu vermittelnde Polit-Konnotationen wie »Hammelsprung« (klang nach Dönerbude), Wasserwerk (für eine Kneipe?), Rheinische Botschaft (wer eine Botschaft hat, sollte eine SMS schicken). Wurde alles schleunigst entsorgt.

2. Ökonomisches Fachchinesisch und »Wirtschaft« wörtlich genommen:
»Wirtschaftswunder« und »Volkswirtschaft«, »Klüngel-Wirtschaft«, »Klüngel Bonn-Berlin«, schienen dann doch allzu negativ besetzt. Also abwickeln und in die Tonne kloppen. Zum Schluß blieben etwa rund dreißig diskussionswürdige Vorschläge, die wir hier nicht verraten, damit Sie nicht ebenfalls auf die Idee kommen, unternehmerisch in die Berliner Erlebnisgastronomie einsteigen zu wollen. Wenn, dann bitte mit KISS – Keep It Stupid and Simple: Denn schließlich präsentierten wir den Herren Grunert und Drautzburg, die natürlich ähnliche oder gleiche Vorschläge und Ideen hatten, etwas ganz einfaches. »Ihr seid Stellvertreter Bonns und habt vor, in Berlin eine Vertretung des Rheinlandes zu eröffnen. Und nicht nur mal so, sondern auf Dauer. Ständig also. Bonn hatte schon einmal in Berlin-Mitte eine Vertretung. Die STÄNDIGE VERTRETUNG der Bundesrepublik Deutschland. Günter Gaus und so. Jetzt die des Rheinlandes in Berlin, abgekürzt »StäV«. Erst war Ruhe. Dann der Aufschrei der gebildeten Stände. Tusch und Klatschmarsch. Und ein Blick auf den Stadtplan bestätigte: Die war ja damals ganz in der Nähe.

P.S., alles auf Anfang:

A: Brandung braucht nicht nur der Surfer, es ist auch ein Romantitel von Martin Walser.
B: Baldung, Hans, war ein bekannter Maler des 16. Jahrhunderts.
C: Balmung ist der Name des Schwertes, das Siegfried bei der Teilung des Nibelungenhorts gewann.
Mit D: Branding lagen Sie also richtig.

Glückwunsch. Jetzt sind Sie nur noch 999.999 Gläser von einer Million Kölsch in der »StäV« weg.

Helmut Herles

»Zum politischen Wirt«
– Wie 1848 oder seit 1949 in Bonn, jetzt in Berlin

Politische Wirte und Wirtshäuser gab es schon 1848 im Umfeld des Frankfurter Paulskirchenparlaments, zum Beispiel den »Donnersberg«, in dem sich die damaligen Linken trafen. Sie sandten von dort Blitz und Donner, damals noch vergeblich, gegen die Reaktion, träumten ihren schwarz-rot-goldenen Traum von der einen deutschen Republik in Einigkeit und Recht und Freiheit. 1848 wurden die Vorläufer der Fraktionen des heutigen Bundestags nach ihren Gasthäusern benannt, wovon heutige politische Gastronomen höchstens träumen können. Friedel Drautzburg ist also mit seiner »Ständigen Vertretung« (»StäV«) in Berlin auf diesem Feld kein Neuling. Allein der Name seines Hauses ist doppeldeutig politisch. Er spielt auf die besonderen

Friedel Drautzburg mit Hans Eichel ...

... Johannes und Christina Rau ...

Verhältnisse zwischen den beiden deutschen Staaten an, die keine Botschaften, sondern »StäV's« unterhielten. Die damalige StäV der Bundesrepublik Deutschland in Ost-Berlin lag übrigens nur einen kurzen Spaziergang weit weg von der heutigen, die auf die besonderen Verhältnisse des Rheinlandes in Berlin anspielt und in einem Viertel liegt, das zwischen dem heutigen Bahnhof Friedrichstraße und dem neuen Pressehaus am Schiffbauerdamm zur Reinhardtstraße hin schon im 19. Jahrhundert wegen der neuen rheinischen Beamten und Professoren Preußens das »Rheinische Viertel« genannt wurde. Die richtige Umgebung also für die Umtriebe des politischen Wirtes aus der ehemaligen Bundeshauptstadt Bonn, wo Friedel Drautzburg stets mehr als nur gutgehende Gasthäuser und Restaurants unterhielt. Er machte Szene und inszenierte Politik. Deshalb ist er einer der wenigen Wirte, die in der Romanwelt von Günter Grass ›verewigt‹ wurden. Zusammen mit Grass war Drautzburg 1968/69 Wahlhelfer von Willy Brandt und versuchte, das Tempo des Fortschritts der SPD etwas mehr zu beschleunigen als das Kriechtempo der Schnecken, nach denen Günter Grass seinen Roman »Aus dem Tagebuch einer Schnecke« benannt hat.
Im Rheinischen Viertel ist die »StäV« nicht allein. In seinem »Piccolo« in der Reinhardtstraße treffen sich journalistische Kreise mit Politikern, wie einst in Bonn. Die meisten von ihnen haben die Namen ihrer Bonner Kreise auf Berlin übertragen. Der auch von Drautzburg in Bonn gern gesehene, von SPD-Abgeordneten erfundene Abgeordnete Mierscheid gibt nun den Namen für ein vom »Bonner General-Anzeiger« gefördertes Café, das an der Reinhardtstraße auf dem Weg zum Pressehaus und der »Bundeswaschmaschine« des Kanzlers liegt. Der Bonner Mierscheid, der ungewählt in jeder Legislaturperiode auftauchte und deshalb auch den Umzug nach Berlin überstand, hat einen Vorläufer in dem von dem hannoverschen Abgeordneten Detmold erfundenen und karikierten Paulskirchenabgeordneten Piepmeyer, dem in Bonn und Berlin der Karikaturist Burkhard Mohr und der Kunstkenner Michael Ropers zu neuem Leben verholfen haben. Vielleicht macht auch Piepmeyer demnächst eine Kneipe auf und trifft sich dort mit Drautzburg und dem Freundeskreis des Abgeordneten Mierscheid ...

... und Gerhard Schröder

Bonn hatte ein gutes Klima für solche Gasthäuser. Sie gab es im Sinne des Miteinander-Sprechens, Miteinander-Essens und manchmal auch Miteinander-Spielens; nicht nur im Clubhaus der Abgeordneten, der Deutschen Parlamentarischen Gesellschaft in der Dahlmannstraße 7. Zum Beispiel auch »Bei Ria« in Bad Godesberg, wie das Restaurant in der Szene nach dessen Chefin Ria Maternus genannt wird. Bei ihr trafen und treffen sich Menschen, die Geschichte und Geschichten zur Geschichte der Bundesrepublik verkörpern. Die Parteizugehörigkeit spielt hier kaum eine Rolle. Aber der Stil der Chefin paßte doch eher zur Diplomatenstadt Godesberg als zu den deftigen Kneipen der Abgeordneten. Um es politisch auszudrücken: Friedel Drautzburg zog in Bonn eher ›links-liberal‹ an, Ria Maternus eher ›liberal-konservativ‹. Was nicht ausschloß, daß Ria gelegentlich auf den Tischen tanzte – temperamentvoll und ohne Rücksicht auf ihre Jahre. Volkstümlicher und erdenschwer ging es bei den »Kanalarbeitern« der SPD um Egon Franke in der »Rheinlust« zu, wenn Gustav Heinemann (SPD) mit Ernst Lemmer (CDU) Skat spielte oder Hermann Höcherl (CSU) die Wahrheit des Satzes ausprobierte, daß man bei Bier oder Wein besser vermitteln und Kompromisse schneller finden könne als in kargen Konferenzsälen. Wäre Bonn wie »Weimar« geworden, dann hätten sich in der »Rheinlust« und später im »Kessenicher Hof« eben nur die rechten Sozialdemokraten getroffen, die CSU nur im »Haus Vaterland« – der bayerischen Landesvertretung –, der »Kegelclub« der FDP-Mehrheit (die »Canaler«) allein im »Schaumburger Hof«, die Linken der SPD und die Grünen nur in der »Provinz« oder im »Gambrinus«. Aber sie alle sahen sich in der Parlamentarischen Gesellschaft, im Presseclub bei Karlchen oder in der Bar des Bundeshauses, bei Ossi (Osvaldo Cempellin), dem klugen Ladiner aus dem Friaul. Ihn trifft man 2001 wieder mit Ika (Wienand) in der Kellerkneipe der »Parlamentarischen« zu Berlin gegenüber dem Reichstag. Allenthalben hatten sich in Bonn solche politischen gastlichen Gesellschaften und Kreise gebildet, in denen miteinander gesprochen und nicht mit Schlagworten gegeneinander gekämpft wurde. Das gilt nun hoffentlich wieder in Berlin, denn es gehört zum Erfolgsgeheimnis des Bundestages und der Bundesrepublik insgesamt. Noch einmal im Geist zurück in die »Rheinlust«. Sie lag weder am Rhein noch bot sie einen Anblick, der Lustgefühle erweckt hätte. Sie war – wie Hilde Purwin sie beschrieb – eine schäbige

Konzentriert: Wolfgang Clement

Gäste der »StäV«: Helmut Kohl (o.l.), Gregor Gysi und Friedhelm Julius Beucher (o.r.), Johannes Rau, Gerhard Schröder, Wolfgang Clement und Christina Rau (u.)

Kneipe mit grauen Wänden, unbequemen Stühlen und einer Mischung aus Zigarettenqualm und Küchendünsten. Aber sie hatte Atmosphäre, unverwechselbar und immer wieder anziehend, und einen unbestreitbaren Vorzug: Sie war in den Gründerjahren die einzige Gaststätte in Bundeshaus-Nähe und wurde so zum Stammlokal von Abgeordneten, denen nach Plenarsitzungen oder Ausschußberatungen an minutenschnellem Tapetenwechsel mehr gelegen war als am gepflegten Ambiente. Die »Kanalarbeiter« der SPD, die zur »rechten Mitte« ihrer Fraktion gehörten und sich auch »Freunde sauberer Verhältnisse« nannten, machten die »Rheinlust« jeden Dienstag zu ihrem Treff-punkt. Aber auch Freie Demokraten wie Dahlgrün und Lenz-Trossingen entspannten sich dort – oder Josef Ertl, der am runden Tisch mit dem CSU-Original Unertl die bayerische Mundart pflegen konnte. Ernst Lemmer von der Berliner CDU führte manch-mal rebellische Reden gegen Bundeskanzler Adenauer. So wollte er auch in seiner Fraktion reden, kündigte Lemmer einmal an, und als er später danach gefragt wurde, sagte er nur: »Ging nicht, der Alte war selber da.« Es ist möglich, daß die damals in der »Rheinlust« geschlossene Bekanntschaft mit Egon Franke (SPD) den CSU-Politiker Hermann Höcherl veranlaßt hatte, 1985 Franke als ehemaligen innerdeutschen Minister vor dem Bonner Landgericht zu verteidigen, als diesen die unkonventionelle Hilfe für Menschen in der DDR auf die Anklagebank gebracht hatte. 1973 wurde die »Rheinlust« abgerissen. Im weiter abgelegenen »Kessenicher Hof«, in den die »Kanaler« zunächst gezogen waren, wollte das ersehnte Heimatgefühl nicht aufkommen. Zuletzt trafen sie sich lieber im Bundeshaus-Restaurant. In Berlin sind sie als »Seeheimer Kreis« gern auf dem Schiff unterwegs, unter Einschluß der »Parlamentarischen Linken«.

Die Nähe zum Bundestag ist und war stets von Bedeutung. Als der Deutsche Presseclub zum Beispiel in Bonn noch zwischen Auswärtigem Amt und Bundespostministerium zu Hause war, hielten sich in seinen Räumen nur selten Parlamentarier auf – es sei denn, sie waren Gäste der Journalisten. Nachdem der Presseclub ein Haus in der Heinrich-Brüning-Straße bezogen hatte, nur zwei Ecken vom Bundeshaus entfernt, trafen sich dort Politiker und Journalisten auch ohne Veranstaltung oder Verabredung beim Essen oder bei Karlchen in der Bar – allerdings nur im Winter, denn im Sommer stand Karlchen auf Sylt hinter der Theke. Später führte Monika Holstein diese Bar als »Bit im Presseclub«. Heute ist sie die Wirtin des Restaurants »Zum Thüringer« neben der Landesvertretung des Freistaates in Berlin.

Friedel Drautzburg und sein Partner Harald Grunert sind nicht mehr allein in Berlin, wo sie als »politische Wirte« Pioniere waren. Die Marketenderei des politischen Betriebes ist ebenfalls umgezogen. Bundes-Berlin tickt so wie einst Frankfurt am Main und Bonn, vom Gendarmenmarkt über das Rheinische Viertel bis zum föderalistischen Viertel zwischen Bundesrat und Ministergärten. Bonn heißt jetzt Berlin.

Bundespräsident Johannes Rau in der »StäV«

Elisabeth Binder

»Rheinische Lösungen«:
Friedel Drautzburgs Weg von Bonn nach Berlin

Es war in jener Welt, in der die alte Bundesrepublik noch kein Fall für's Geschichtsbuch war. »Hochverräter« haben sie ihn damals genannt. Das konnte ja nicht ausbleiben, als Friedel Drautzburg, Polit-Wirt und als Gründer der Initiative »Ja zu Bonn«, eine Identifikationsfigur für alle Umzugsgegner 1997, nur sechs Jahre nach dem schrecklichen Beschluß, ankündigte, eine rheinisch-berlinische Wirtschaft an der Spree zu eröffnen. »Ich halte den Atem an vor Schreck und Entsetzen«, kommentierte der Landrat des Rhein-Sieg-Kreises Drautzburgs Pläne. Ausgerechnet die »Stimme der Vernunft« setzte plötzlich ein Fanal gegen alles Verdrängen. Gegen die allgegenwärtige und in den Jahren des Nichtspassierens gewachsene Hoffnung, der Umzug fiele am Ende vielleicht doch noch aus. Im Sommer 1997 also war Friedel, der Drautzburg, noch am Rhein und etwas skeptisch, seine Konzepte für die »Ständige Vertretung« einfach so rüberzufaxen nach Berlin, denn er war ein erfahrener Mann und wußte, »was man daraus stricken« kann. Mein Vorschlag zum Heimspiel hielt er hingegen für eine gute Idee. »Ja, komm se nach Bonn«, lockte er mich an den Nabel der alten Bundesrepublik. »Kriegense wenigstens mal was Ordentliches zu essen.« Das mußte für eine Berlinerin natürlich verlockend klingen, auch wenn die Blockade damals schon ein paar Jährchen zurücklag. Und recht hatte er übrigens auch. »Ordentlich« war genau das Wort für die riesige Portion Blutwurst und Zwiebeln auf Kartoffelpüree und das Apfelkompott, die im Haus Daufenbach als rheinische Spezialität »Himmel un Ääd« firmierte. Im Versammlungsraum im Keller, der bändeweise Antiumzugsargumente enthielt, lehnte noch das dazugehörige Poster an der Wand. Aufschrift: »Den Umzug können wir uns nicht leisten.«

Artikel im Bonner General-Anzeiger, kurz nach der Abstimmungsniederlage

Drautzburg wirkte auf die nüchterne Preußin live viel weniger kauzig als am Telefon, wo er sich grundsätzlich mit »Hier spricht die Stimme der Vernunft« meldete. Für einen Wirt

Treffen und reden

Da ich nicht in Berlin bin, aber oft genug Berlin besuche, liebe ich an der »StäV«, daß ich immer jemanden treffe, mit dem/der es sich zu reden lohnt (Kölsch einmal beiseite).

Wolfgang Roth, Vizepräsident der europäischen Investitionsbank Luxemburg

war er erstaunlich dünn, outete sich schon in den ersten Sätzen als Jurist (das war ihm wichtig) und Alt-Linker. Das Szene-Blatt, das er im Verlauf des Nachmittags hervorholte, wies den damals Neunundfünfzigjährigen als »begehrtesten Junggesellen der Stadt« aus. Außerdem war er ein Großmeister im Namensbombardement. Was sollte man denn sagen, wenn einer all diese berühmten Leute kannte. Den Norbert (Gansel), der immer in seiner Kneipe hockte, den Trittin, der hier seinen wöchentlichen Stammtisch führte, Völkerchen Hauff natürlich und die Matthäus-Maier. Die sei in Berlin bestimmt nicht beliebt, urteilte er souverän. Weiß man denn, was die Welt für einen Lauf nimmt? Damals gab es genug Berliner, die auch nicht mehr daran glaubten, daß der Umzug wirklich stattfinden würde, daß sich nicht weitere und weitere Verzögerungsargumente finden lassen würden. An jenem Bonner Nachmittag zeigte er mir noch sein zweites Restaurant, das »Amadeus«. Dort saßen wir im idyllischsten Vorstadt-Ambiente, und er breitete seine Visionen aus, aber so ganz nachvollziehbar waren sie nicht. Er mochte es heimlich planen, aber wissen konnte er noch nicht, daß er eines Tages die »Stimme des Umzugs« werden würde, eine Instanz für die gewaltigen Kulturunterschiede zwischen rheinischen und berlinischen Gegebenheiten.

Vor allem aber konnte er keine Ahnung haben, mit welchen Überraschungen sein persönliches Schicksal an der Spree auf ihn warten würde. Immerhin, die große Klappe, die Lust an pointierten Formulierungen würde seine Integration sehr befördern. Da konnte man ganz zuversichtlich sein.

Friedel Drautzburg pflegte einen eigenen Stil, dessen rheinische Färbung so in Berlin noch nicht verbreitet war. Sehr politisiert, aber mit Leichtigkeit und Humor. Siebenundzwanzig Jahre Bonn und immer mitten drin, das prägte seine Prioritäten. Das, hier lag wohl der eigentliche Grund seiner Umzugsaktivitäten, mochte er nicht verlieren.

Berlin-Gedenkstein in Bonn

»Wir wissen doch immer schon freitags, was montags im ›Spiegel‹ steht«, protzte er. »Und wenn im Fernsehen die Nachrichten kommen, waren wir dabei, wie sie entstanden sind. Verstehen Sie, wir waren wirklich dabei.« Drautzburg war ein Wirt, der morgens vier Zeitungen las, »sonst kommen Sie mit der Klientel nicht klar.« Er sah den Zug der Zeit weiterziehen und wollte einfach nicht zurückbleiben.

Das mit der Berliner Dependance war ursprünglich die Idee von Gästen. »Wie werden wir dich vermissen, Friedel, wieso kommste nicht mit?« Da hat der Friedel etwas irritiert gedacht: »Ja, wieso eigentlich nicht?« Und dann ist er mit seinem Partner, dem früheren Sozialarbeiter Harald Grunert, nach Berlin gezogen, und hat sich umgeschaut. Fündig wurden die beiden im »Osvaldo« am Schiffbauerdamm, Ecke Albrechtstraße. Das war damals eine leicht aufgemotzte, aber ziemlich erfolglose Kneipe in einer Ecke, über der Tristesse wie ein schwerer Nebelschleier lag. Nein, ein Berlin-Hasser war er nie. »Ich liiiebe die Stadt«, sagte er schon damals in Bonn. Das Umzugsthema interessierte ihn nach eigenem Bekunden nur auf der politischen Ebene. Er hatte seine Berlin-Erfahrungen ja schon sehr früh gesammelt. Schließlich hat er Jura studiert und Politologie und ein Staatsexamen gemacht, um sich zu beweisen, daß er sowas durchhält. Während dieser Zeit verschlug es ihn für zwei Semester an die Spree, ans Otto-Suhr-Institut. »Zwei Tage nach dem Mauerbau kam ich an mit meiner alten Isetta und Tränen im Bauch.«
So richtig zu Hause gefühlt, hat er sich in den Jahren danach nur in Bonn. Vielleicht gar nicht mal so sehr in der Stadt, aber auf

Provinz Metropole

*Halb Fluchtburg, halb Trutzburg.
In jedem Fall ein guter Wirt. Die »StäV« ist eine Bereicherung der Hauptstadt durch die Provinz.*

Dr. Günter Rexrodt, Mitglied des Deutschen Bundestages, Bundesminister a.D.

Legendäres Linsenessen im Büro von Günter Grass (2.v.r.), mit Friedel Drautzburg, Hans-Jürgen Wischnewski, W. R. Marchand (2.-4.v.l.)

jeden Fall in dem Milieu, in dem er lebte. '68 ist er dort Wirt geworden. Das waren die guten, die intellektuellen Zeiten, in denen sie nächtelang die Weltrevolution herbeidiskutiert haben, und natürlich waren auch alle dabei, der Heinrich Böll und der Siegfried Lenz und der Günter Grass und die Studienkumpels, der Uli Wickert zum Beispiel und der spätere Botschafter in Tokio. Wer hungrig war, bekam serbische Bohnensuppe, und manchmal ging er nach Hause und hat den Laden den Studienkumpels überlassen. 1969 hat er dann für den Willy (Brandt) Wahlkampf gemacht zusammen mit dem Günter Grass. 31.000 Kilometer sind sie mit dem Bus durch die CDU-Provinzen gefahren. Dann gingen die Jahre so ins Land, neue Freunde kamen hinzu, und als das Ende seiner legendären »Schumann-Klause« gekommen war, machte Friedel, bekennender Vorkämpfer gegen die RTLisierung unserer Gesellschaft, neue Kneipen auf.

Beschwingte Verbindung

Politik genießbar machen bei frischem Gaffel-Kölsch. Ein Ort, an dem sich der rheinische Frohsinn beschwingt mit dem Neuen Berlin verbindet – eine Traumkombination.

*Klaus Böger,
Senator für Schule, Jugend und Sport, Berlin*

Friedel Drautzburg, Ina Fuchs, Günter Grass, Hermann Scheer (v.l.)

Wuchs gewissermaßen mit mit seinem Publikum: »Links sein, heißt ja nicht arm sein.« Im eleganten Musikviertel mit seinen liebevoll gepflegten Stadtvillen betrieb er zuletzt das »Amadeus«, wo man eher Tranchen von der Entenbrust mochte als serbische Bohnensuppe. Oben ein schöner Garten mit alten Bäumen und Kies, unten ein Kellerlokal mit warmen Kirschholzmöbeln, mit

Friedel Drautzburg, Iring Fetscher, Heinrich Böll (v.l.)

Werken von Vostell und Beuys, den er so liebt, an der Wand der Sitz von Herbert Wehner. Aufschrift: »Aus dem ersten Deutschen Bundestag der untergegangenen Bonner Republik.« Von dem Kampf gegen den Umzug konnte er in dieser Umgebung wie ein Veteran reden. Gleich nach dem Fall der Mauer hat er den Ehmke angerufen und gewarnt, daß »da einiges auf uns zukommt«. Hat sodann das bereits in Willys Wahlkampf erprobte Talent noch einmal voll aufgedreht. Der schwarze Tag kam trotzdem, jener 20. Juni 1990. Im »Amadeus« verkehrte damals überwiegend Stammpublikum, Leute aus der Nachbarschaft, Journalisten, Politiker. Jeder kannte jeden. Hier saßen sie zusammen vor dem Fernseher. Friedel Drautzburg hatte schon am Morgen ein ungutes Gefühl gehabt: »Unsere Bonner waren nicht gut drauf.« Als die Entscheidung dann kam, sackte ihm der Magen weg, der politische Magen natürlich, und er war ganz darauf konzentriert, die Fassung zu waren, während ringsherum alles in Tränen ausbrach.

Das Thema Umzug war fortan aus den Kirschholzmöbeln nicht wieder herauszubekommen. In jenem Sommer 1997 hatte sich die Initiative »Ja zu Bonn« vor allem darauf konzentriert, die Einhaltung des Umzugsbeschlusses zu überwachen, darauf zu achten, »daß die Hardthöhe nicht klammheimlich an die Spree verlegt wird, das ist im Beschluß nämlich nicht vorgesehen.«

Natürlich schlugen Drautzburgs Umzugspläne wie eine Bombe ein. »Auch Du, Friedel?!?«,

Die »StäV« vor dem Einzug, 1997

fragte mancher Stammgast geschockt, der sich darauf verließ, daß es mit dem Umzug so schlimm nicht werden würde. Die mitgehen wollten, waren aber damals schon glücklich über die Aussicht, auch im wilden Osten auf ein wenig Trost und Heimeligkeit hoffen zu dürfen. »Der Rheinländer«, erklärte Friedel Drautzburg mir damals, »erledigt nämlich manches beim Kölsch«. Er wollte ein Wohnzimmer schaffen für die Pendler, die »in der Woche frustriert herumhängen und keine Seele kennen«.

Das Pendlergefühl konnte man damals im Flugzeug ja schon testen. Als der Nachmittagsbesuch am Rhein zu Ende war und am Abend die Maschine in Tegel aufsetzte, saß die »Amadeus«-Familie in der Bonner Bachstraßenidylle bei Saltimbocca und gutem Wein, ringsum alles ganz unglaublich gutbürgerlich. Es war auch in Berlin ein warmer Abend, und ich wollte mir die zukünftige »Ständige Vertretung« einmal näher ansehen. Auf der Friedrichstraße hatten zwei abenteuerliche Piratengestalten einen Berg blutiger Knochen ausgekippt und kommandierten gerade auf russisch ihre Hunde herbei. Schnell weiter zum Schiffbauerdamm.

Dort, auf der Terrasse des »Osvaldo«, war ich der einzige Gast. Der Stuhl kippelte in einem Loch im Kofsteinpflaster, das Haus gegenüber sah aus wie fünfzig Jahre nicht gestrichen. Die Gegend wirkte menschenleer, und ich hoffte (für den Rückweg), daß die sibirischen Wölfe von den Knochen genauso satt waren wie ich von dem mittäglichen »Himmel un Ääd« in der Heile-Welt-Hauptstadt Bonn.

Zwei Jahre später war die Gegend nicht wiederzuerkennen. Sie hieß jetzt inoffiziell das »Rheinische Viertel«, dafür hatte Friedel Drautzburg gesorgt. Mit seiner Aktion, Karneval mit Kopfhörern zu feiern, weil mißmutige Anwohner den Rheinländern das Singen verbieten wollten, hatte er die Lacher des ganzen Landes auf seine Seite gebracht. Die »Ständige Vertretung« war unentwegt rammelvoll. Reservierung praktisch zwecklos. Touristen mischten sich mit Spitzenpolitikern, Journalisten und heimwehkranken Bonnern jedweder Couleur. Im ersten Berliner Herbst nach dem Umzug klingelte das Telefon ununterbrochen, weil Friedel Drautzburg inzwischen als oberste Instanz für Bonner Befindlichkeiten galt. Berlin hatte ihm seine Initiative nicht übel genommen, hatte ihn aufgenommen wie einen verlorenen Sohn. In Bonn mag er ein Politwirt gewesen sein, in Berlin mußte er sich zusätzlich in der Rolle des Medienstars üben. All das, was mit Umzug zu tun hatte, brauchte ein Gesicht. Die »Stimme der Vernunft« wandelte sich zum Inbild einer Erfolgsstory nach dem Motto: »Was lange währt, wird endlich gut.«

In jenem Herbst 1999 wollte ich ihn nach seiner ersten Bilanz befragen, und er schlug vor, zum Hotel Albrechtshof zu gehen, weil er dort nicht so umringt sein würde wie in der StäV und man in Ruhe reden könne. Es war ein Bild für die Umzugsgötter. Der frischgebackene Vater ging wie auf Wolken durch die inzwischen sehr belebte Albrechtstraße, grüßte hierhin und dorthin, schob dabei vorsichtig den Kinderwagen. Zwischendrin wandte er sich, »alte Väter sind die schlimmsten«, immer mal wieder mit

Wolfgang Thierse und Friedel Drautzburg (v.l.) mit Sven Kunze (ARD) in der »StäV«

äußerster Behutsamkeit an »die kleine Rotznase« in dem Wagen. Da drüben winkte die Ärztin, dort der Hotelchef, hier grüßte ein Abgeordneter. Friedel kannte sie natürlich alle. Sein Kiez. Und alle wollten einen Blick in den Kinderwagen werfen auf Sophie Marie, die damals gerade mal ein paar Tage alt war. Der Umzug hatte so manchen Lebensweg verändert. Aber daß der einstmals vehementeste Vorzeigeumzugsgegner inzwischen eine kleine Berlinerin zur Tochter hatte, zeigte doch, daß das Schicksal Sinn für Pointen hat. Es war in der Zeit des Pendelns zwischen Bonn und Berlin, als er sich »in der Höhe von Magdeburg« im Speisewagen des ICE unbedingt an einen Zweiertisch setzen wollte, der eigentlich schon von einer jungen Brandenburgerin besetzt war. Erst reagierte

Steigerung

Der Dom zu Köln ist schön, die »Ständige Vertretung« noch schöner.

Cem Özdemir, Mitglied des Deutschen Bundestages

sie sauer, dann taute sie auf. Als der Zug in Berlin ankam, war man reif für die erste Verabredung. Nun war das Wunschkind da, und der stolze Papa, der ja nie besonders arm an Worten war, noch philosophischer geworden. Vom »Werteverlust als Grundübel des 20. Jahrhunderts« bis zur dringlichen Notwendigkeit, am Schiffbauerdamm Tempo 30 durchzusetzen – für die Sicherheit der Kinder – reicht die neue Bandbreite. Ein später Vater hat eben andere Gedanken als ein begehrter Junggeselle. Hinzu kam, daß die Mutter des Kindes erst siebzehn war, als die Mauer fiel, also ihre ganze Kindheit und Jugend in der DDR verbracht hatte. Die Konfrontation mit der Befindlichkeit der neuen Bundesländer nahm auch den altlinken Rheinländer mit. Zumal der inzwischen ja immer »die Omma in Hönow« besuchen ging. Eine Verfassungsdiskussion hätte es geben müssen nach der Wende, argumentierte er inzwischen. »Wir haben die intellektuell ja völlig plattgemacht.« Da eine Kneipe, egal wo sie steht, immer ein Stimmungsbarometer ist, wußte Friedel wieder einmal genau Bescheid, was die Volksseele bewegte. Als das mit der Wiedervereinigung losging, hatte er, damals noch fest verwurzelt im lauschigen Bonn, gleich gesagt: »Das geht schief«. »Erst wenn sie groß ist«, sagte er mit einem weiteren stolzen Vaterblick auf Sophie Marie, »dann ist es überwunden«.

Er selbst hatte sich rasch eingelebt und pendelte längst nicht so viel, wie anfangs geplant. Am Rhein war man inzwischen auch in seiner Abwesenheit stolz auf ihn. Diesmal nach dem Motto: »Unser Friedel mischt Berlin auf«. Aus dem gescholtenen Hochverräter war ein allseits anerkannter Botschafter rheinischer Lebensart geworden. Was er in seinen ersten beiden Jahren an der Spree am meisten vermißte, das waren »die rheinischen Lösungen«. Eine rheinische Lösung bedeutet, daß ein Bürokrat und ein Bürger gemeinsam versuchen, ein Problem zu einer guten Lösung zu führen. Eine rheinische Lösung orientiert sich an der Sachlage, findet schnelle, kurze Entscheidungswege und ist streng konsensorientiert. Ganz anders verlief der Kontakt mit den Berliner Behörden: »Hier sind alle immer nur die Gegner«. Er hat schon mal einen besonders sturen Beamten gefragt: »Wer finanziert hier eigentlich wen?« Das habe den aber völlig kalt gelassen. Auch die Tatsache, daß er, Friedel, über zwanzig Leuten Arbeitsplätze geschaffen hatte (und weitere sollten kommen), stieß nicht auf sonderliches Interesse. Die Antwort eines Berliner Beamten auf jegliche Bitte um pragmatische Nachsicht lautete in der Regel: »Ich verhalte mich nach der Gesetzeslage.« Was, nach Friedels Gesichtsausdruck zu urteilen, ziemlich unrheinisch war.

Rheinische Lösungen befördern den rheinischen Kapitalismus, und der ist eben erfolgreich. So wie Friedel Drautzburg, der aus dem ewig leeren, alten »Osvaldo« gewissermaßen über Nacht eine blühende »Ständige Vertretung« gemacht hat. Auch als später, gewissermaßen als Überlaufbecken, weitere Lokale dazu kamen, änderte sich nichts am Gedränge. In Berlin ist Friedel Drautzburg vieles geworden, was er früher nicht war, unter anderem auch eine Touristenattraktion. Was ihm und anderen Bonnern schmerzlich fehlte, war die Höflichkeit, »deren Verschwinden in der Gesellschaft wir 68 mitbewirkt haben«, wie er immerhin selbstkritisch anmerkte. Als er, kurz nach dem Regierungsumzug, einmal in einem kleinen rheinischen Dorf spazierenging und Schulkinder ihn grüßten, »bloß weil ich ein Erwachsener bin«, da war er zu Tränen gerührt. Ein kleines »Guten Tag« hier, ein »Bitte« oder »Danke« dort, ein Gruß im Aufzug, all sowas würde sein Wohlbefinden ebenso fördern wie ein bißchen Sorgfalt mit der Kleidung. Daß Berlin nicht Düsseldorf sein würde, war ja von Anfang an klar, »aber so viele Kurzbehoste wie hier in einem einzigen Sommer, habe ich in all meinen Berufsjahren noch nie bewirtet.« Die grassierende Rüpelhaftigkeit störte ihn in der neuen Heimat mehr als alles andere. Als er bei einer U-Bahnfahrt nach Hellersdorf Rechtsradikale, »solche Brecher«, ihre häßlichen Parolen ausposaunen hörte, da fühlte er sich plötzlich »wie in einem fremden Land«. In Köln, da war er sich sicher, hätten sich die Insassen des Zuges solidarisiert und die Nazi-Rocker der Polizei übergeben. Hier saß alles so geduckt, und er war

> ## *Verlängerung*
> *Berlin ohne »StäV« iss wie Schalke ohne Arena. Kein Berlin-Besuch ohne politische und sonstige Konsultationen in der »StäV«. Als Düsseldorfer vermisse ich zwar mein geliebtes Alt, aber es gibt dort eine frische, schaumige Spezialität, die meine Geschmacksknospen zu voller Blüte bringt: Herr Wirt, noch'n Köstritzer!*
>
> *Manni Breuckmann, Fußball-Reporter, WDR*

sich nicht sicher, ob man ihm helfen würde, wenn er eingriffe. Dann gab es natürlich noch die Vorurteile, die planmäßig gegen die Bonner geschürt worden seien und mit denen er immer wieder konfrontiert wurde. Was soll's, gar nicht erst drüber reden. Stattdessen genoß er eintägige Ausflüge nach Bad Saarow oder Spaziergänge zum Flohmarkt an der Museumsinsel. Inzwischen

Klaus Wowereit, Carmine Bellini, Friedel Drautzburg mit Tochter und Christine Krajewski

wohnte er privat ebenfalls in der Albrechtstraße, wenige Häuser entfernt von der Mutter seines Kindes. »Die meisten Bonner sehen Sie in Mitte«, sagte er mit ganz neuem Lokalpatriotismus. Er fand es urkomisch, wenn gelegentlich Gäste aus Zehlendorf auftauchten und sagten: »Wir sind zum ersten Mal im Osten.« In jenen Tagen, als die Diplomaten und Abgeordneten sich in seiner

Gut so!

Wenn sich Berlin und das Rheinland bei Kölsch und Karneval näherkommen, dann ist auch das gut so.

*Klaus Wowereit,
Regierender Bürgermeister von Berlin*

Kneipe niederließen, war er wie euphorisiert von seinen Erweiterungsplänen. Der »Kölsche Römer« gegenüber war schon in Planung, außerdem das »Piccolo«, ein ehemaliges Ost-Berliner Theater-Lokal. »Ich konnte gar nicht glauben, daß das wirklich frei war.« Es war gewiß nicht die Art eines anständigen alten 68ers, wie ein Konquistador aufzutreten, aber wenn »die anderen einfach nur pennen«, dann war es für ihn schon korrekt, auch zuzugreifen. Am Schiffbauerdamm existierte inzwischen auch die »Rhein-Spree-Kosmetik-Oase«, ein schickes Institut im Hinterhof, das Drautzburg ursprünglich für die Mutter seines Kindes etabliert hatte.

Eine Frage lag natürlich nahe. Angesichts all des Ruhms, des privaten Glücks, des Erfolgs, all der guten Schicksalsgaben, die auf ihn niedergeprasselt sind, seit er sich entschloß, vom Rhein an die Spree zu ziehen, hat er da seine alten Ansichten nicht geändert? Wer hier Inkonsequenz vermutete, hätte Friedel Drautzburg verkannt. Ein Hochverräter war er eben nie, sondern eher ein Politiker von gesundem Pragmatismus. Zwar sieht er »die schöne Ironie« seiner Geschichte. Den Umzugsbeschluß, da blieb er eisern, hielt er indes immer noch für falsch: »Man kann ja nicht 'ne falsche Entscheidung mit dem persönlichen Nutzen rechtfertigen.« Und wie um von der nächsten Generation Bestätigung einzuholen, wendete er sich noch einmal ganz verliebt der jungen Berlinerin Sophie Marie zu, dem Nachwuchsstar im Rheinischen Viertel: »Hab' ich nicht recht, kleine Rotznase?« Das Kind lächelt milde. Bis die Daten der ›Bonner Republik‹ im Schulunterricht drankommen, ist noch viel Zeit, die Erinnerungsstücke in der väterlichen Kneipe zu studieren.

Karl Garbe

»Wo der Rhein in die Spree fließt«:
Politgastronomische Aphorismen

Die StäV als diejenige welche …

Wer die StäV hat, braucht keinen Koffer in Berlin.

Die StäV ist eine Stelle, wo der Rhein in die Spree fließt.

Die StäV bringt es an den Tag: Trunkenheit nicht am, sondern wegen Steuer …

Nicht aus Wut – aus Bierseligkeit hat man in der StäV Schaum vorm Mund.

Auch ohne Suchmaschine finden sich alle in der StäV.

Über Geschmack lässt sich streiten – Geschmacklosigkeit macht einen Bogen um die StäV.

Die StäV – ein trojanisches Pferd im Spree-Athen.

StäV – das heißt: Gastronomische Sternstunden bei astronomischen Umsätzen.

Wer in die StäV geht, geht dort selten baden …

Friedel I. von Drautzburg zu Schnauzbart

Wer oder was ist dieser Super-Kauz?
Ein Minnesänger des Föderalismus?
Ein Seelenfischer am Schiffbauerdamm?
Ein Liebhaber ulkiger Nudeln?
Ein Zeitzünder für abendliche Knalleffekte?
Friedel ist ein Satzbauer:
Er fand den Weg vom Einsatz
über den Vorsatz zum Umsatz,
oder auch
von der Drautzburg über die
Schnauzburg zur Kauzburg
Friedels Kölsch bringt den
altberliner Stechschritt zum Wanken.
Bei ihm darf jedes Würstchen seinen
Senf dazutun.
Drautzburg ist einer,
der das Grass wachsen hörte.
Den Genossen Trennt hält der Friedel
im Schwitzkasten.
Friedrich II. brachte die Kartoffel nach Berlin.
Friedel I. den halven Hahn.

Zeichnung von Jürgen Dopp, 1983

StäV – der eigentliche Standortvorteil für Berlin.

Man nehme:

die Bilder und andere Accessoires der Zeitgeschichte,
das zerknitterte und vergilbte Damals & Anderswo,
Scharfes und Süsses,
Lautes und Leises aus dem Blätterwald,
einen Schuß Wehmut,
ein wenig Kauderwelsch,
eine Handvoll Zwischentöne,
eine Prise Polyglottes,
den Ruch der Kumpanei,
etwas zerstoßene Distanz,
zwei Scheiben Relection,
sowie einen großen Löffel voll Spaß an der Freud.

Dieses gut gemixt ergibt den Cocktail »StäV«

Friedel beherrscht die politische Gastronomie:

Eine dicke Freundschaft sollte man nicht auf Diät setzen.

Gewichtige Ideale sind wichtiger als das Idealgewicht.

In der Politik dominieren die Ausgekochten statt der Feinschmecker.

Dortselbst den Braten zu riechen bedarf es keiner Nase.

Um in's Fettnäpfchen zu treten stehen Politiker Schlange.

Sich vor Ehrgeiz zu verzehren ist dieser Leute Leibgericht.

Selbst auf der höchsten Stirn sehnt sich der echte Lorbeer nach einer guten Sauce.

Durst wird durch die StäV erst schön.

Selbst mit dritten Zähnen gibt es in der StäV was zu beißen.

Thomas Koschwitz

Die Radiokneipe

oder: Warum ich beinahe Gastronom geworden wäre

Als kleiner Junge wollte ich immer eine eigene Bar haben. Nein, ich meine nicht diese scheußlichen Keller-Bars, mit der alten Truhe von Oma als Theke, die sich verklemmte Familienväter Ende der Sechziger in kleinen Reihenhäusern einrichteten, um voller Stolz und ohne ordentliche Kühlung für das Bier, das eigene Fäßchen anstechen zu können. Nein, in jedem Ort in, den mich meiner Eltern schleppten, später meine Freundinnen, entdeckte ich eine kleine Bar, die mein Herz erwärmte. Das klingt nun nach einer schweren Trinkerkarriere, andere werden sagen, mit diesem Talent zum Finden von kleinen Kneipen hätte ich lieber Reiseführer schreiben sollen, als meine Mitmenschen bei Film, Funk und Fernsehen zu drangsalieren. Gut, vielleicht. Was mich an allen Kneipen faszinierte, war die Verbindung von Einrichtung, Publikum und Barkeeper. In Amsterdam beispielsweise saß ich mit hohem Vergnügen in »de Kaiserin«, was sich auf holländisch erstens sehr süß anhört, wenn es von einer süßen Holländerin gesprochen wird, und zweitens hatte man in dieser Bar sofort den Eindruck: »Ich bin in Amsterdam!« Mittendrin. Der Clou war die selbstgemachte Bowle. Jeder in diesem Lokal war damit beschäftigt, auf kleinen gartenstuhlartigen Drahtkonstruktionen zu sitzen und mit einem kleinen Löffel die viel zu großen Stücke aus dem Bowlenglas zu fischen. Da ging dann auch schon mal was daneben. Sie glauben nicht, wie schnell man ins Gespräch kam! Kaum hatte man mit einem Stück Ananas, oder – in einer anderer Kreation – mit einem Stück Wassermelone den Rock der Nachbarin richtig versaut, war man schon im Gespräch mit ihr. Und just dieses schnelle Kennenlernen und Geschichten austauschen war es immer, was mich so faszinierte an gemütlichen Kneipen. Wenn ich ehrlich bin hatte ich immer die Hoffnung, in solch einer gemütlichen, von irgendeiner Geschichte umwobenen Kneipe, Restaurant oder Bar die Frau meines Lebens kennenzulernen. Aber davon ein anderes Mal! Gute Bars und Restaurants haben immer eine Geschichte, die man sich entweder raunend in einem anderen Lokal erzählt – um dann später in besagter Bar vorbeizuschauen, oder man weiß schon bei der Stadtbesichtigung: Wenn man in diesem oder jenem Lokal nicht war, halten einen Kollegen, Mitarbeiter, Untergebene, Freundinnen und Freunde schlichtweg für bescheuert. »Was?! Ihr wart nicht im ›Planet Hollywood‹ in New York? Ja, was habt Ihr denn die ganze Zeit gemacht???« Dann ist man einfach durchgefallen, und Hinweise auf Museen, Filme in Originalfassung oder einfach auch ›nur‹ der Broadway ziehen nicht.

Bars oder Restaurants müssen also eine Geschichte haben, um ›hip‹ zu sein. Das begriff ich sehr früh. Eine Bar, ein Restaurant sollten etwas haben, über das professionelle Erzähler Geschichten wie diese machen könnten: Der Mitarbeiter heißt Sylvester Stallone und hat vom Kochen keine Ahnung, oder das Essen ist so teuer, daß dir das fliegengroße Hauptgericht einfach schmecken muß, oder die Toiletten sind mit echtem Blattgold verziert und über jedem Pissoir hängt ein

ich in meiner Jugend noch in die Vorzüge des Schwarzweißfernsehens eingeweiht wurde, beschloß ich, etwas für das lahmende Selbstbewußtsein der deutschen Medienschaffenden zu tun. Was in Amerika funktioniert, muß doch auch hier klappen, dachte ich. Gut, statt Tom Selleck hatten wir Fritz Wepper und statt Demi Moore immerhin Iris Berben (obwohl: die hat ja schon ein Lokal). Wir haben keine Radioschnauze wie Howard Stern, dafür aber eine wie Elmar Hörig. Und statt Pelè Franz Beckenbauer ausgestopft in den Schankraum zu stellen, erschien mir nicht so schlecht. Der Plan war, Requisiten aus bekannten Fernsehserien – »Der Kommissar«, »Die Unverbesserlichen«, »Die Lindenstraße« (ja, die auch!), »Gute Zeiten, schlechte Zeiten«, »Marienhof«, »Derrick« – zu sammeln und daneben entsprechende Filmausschnitte über den Bildschirm flimmern zu lassen. Den eines alten sechziger Jahre-Fernsehern versteht sich, mit Röhren und ewig langer Vorglühzeit. Quasi ein bißchen Geschichtsunterricht über's deutsche Radio- und Fernsehwesen. Dazwischen Japaner, die mit starrem Gesichtsausdruck,

Minimonitor mit dem allerletzten, was RTL 2 so zu bieten hat. Das zieht. Aber wie lange? Im »Wasserweibchen« in Bad Homburg im Taunus zum Beispiel ist es ausschließlich die Köchin (und die wunderschönen blauweißen Tischdecken) in die man sich verlieben muß, a) weil sie hübsch ist, b) weil sie einfach so gut kocht, daß einem möglicherweise das Augenlicht versagt. Jedenfalls geht man dort einfach unsagbar gerne hin. Irgendwann fällt einem natürlich auf, daß etwa dreißig verliebte Gockel – neben einem selber – auf die Dauer auch keinen Spaß machen ... womit wir wieder bei der Frau für's Leben wären. Aber damit will ich Sie nun wirklich nicht langweilen.
Nachdem mich mein Leben durch diverse Funkhäuser des Landes geschleust hatte und

stereotypem »That's nice!« und Videokamera gerade noch in der Lage sind, Sauerkraut zu bestellen. Stellen Sie sich die Bilder an den Wänden vor: von Liselotte Pulver bis Esther Schweins, von Heinz Rühmann bis Siegmar Solbach – dem auch hier wieder alle Frauen vertrauen würden. Ab und zu hätte ich Götz Alsmann in meine kleine Kneipe zum Spielen eingeladen, oder Hans-Dieter Hüsch. Und natürlich wäre es mein Traum gewesen, hin und wieder berühmte Menschen aus diversen Serien und Filmen, Hörspielen und Sendungen als Gäste zu begrüßen. Eine immer größer werdende Ecke mit Fotos, geschossen in meinem Lokal, hätte Beweise für die Existenz dieser göttlichen Stars geliefert. Ja, das wäre die Erfüllung gewesen! Meine Sehnsüchte, eine eigene Kneipe zu eröffnen, wurden allerdings jäh gebremst, als meine ersten geschäftlichen Gehversuche schlichtweg scheiterten. Mein Drang, gute Geschichten zu hören (und zu glauben!), war schon immer größer, als es meinem Portmonaie gut tat. So machte ich mich auf, selbst zu einem dieser – ja ich weiß es klingt vermessen – ›göttlichen Wesen‹ aus der Welt der Medien zu werden, nur um vielleicht eines Tages ähnlich wie Arnold Schwarzenegger vor die Frage gestellt zu sein, welchem Lokal ich meinen Namen zur Verfügung stelle... Ich bin weder Kölner noch Berliner, sondern in Heidelberg geboren. Diese Vorbemerkung ist notwendig, damit Sie verstehen, daß ich bei den folgenden Ausführungen keinerlei Vorlieben für die eine oder andere Fraktion hege. Ich kann mich nur erinnern, daß Friedel Drautzburg mit der ganzen Energie seiner Person dagegen war.

»Nein, nicht nach Berlin!« lautete einer seiner Parolen. Zu gut flutschten seine »Läden« in Bonn, in denen sich regelmäßig Bonner Prominenz einfand. Da saß man nun und ließ einen harten Tag im Bundestag oder in den Ausschüssen ausklingen. Da hörte sich dann so manch harscher Vorwurf von Opposition an Regierung oder umgekehrt gar nicht mehr so hart an. Vielmehr dominierte weinseliges Verständnis die Szene. Man war sich einig, daß das Leben als Volksvertreter alles andere als ein Zuckerschlecken ist.

Das ›Raumschiff‹ Bonn hatte diesen Namen, weil alles so schön im Kleinen, zum Teil auch im Verborgenen ablaufen konnte. Was Fotografen und Journalisten des nächtens in Drautzburgs Kneipen zu hören bekamen, verschwand ›unter drei‹. Das hatte nichts mit einer kriminellen Vereinigung zu tun (oder doch?), sondern schlicht mit einem Arbeitsraster der Journalisten: ›Unter eins‹ wurden blanke, zu veröffentlichende Meldungen verbucht. ›Unter zwei‹ bezog sich auf Kommentare, ebenfalls zu veröffentlichen. ›Unter drei‹ war (und ist!) als Meinung und Meldung zu werten, die den journalistischen Hintergrund erhellen durfte, nicht aber in irgend einer Zeitung zu erscheinen hatte. Das ist in Berlin anders! Drautzburg war also aus verständlichen Gründen gegen Berlin. – Was folgte, war ein entschlossener, folgenschwerer, zum Wohle aller stattfindender Umzug! Als ich das erste Mal in die »Ständige Vertretung« kam, war ich fasziniert von den Bildern an den Wänden, den alten Plakaten, der Art und Weise, wie hier ein Stück Rheinland nach Berlin verpflanzt worden war, aber eben auch ein Stück Geschichte Deutschlands. Da waren sie, die Barhocker auf denen Geschichten erzählt werden!

Da sitzt der PR-Coach von Finanzminister Eichel neben dem Journalisten vom Hessischen Rundfunk, weil die sich von früher kennen. Freundschaften leben auf zwischen FDP-lern und CDU-lern, weil man sich in vielen Bereichen doch auch früher in der Koalition so gut verstanden hat. Ich habe mir – und gebe zu: voller Erfurcht – lange die Bilder an den Wänden angeschaut: Kurt Georg Kiesinger, Willy Brandt, Helmut Kohl, Konrad Adenauer und, majestätisch, Helmut Schmidt. Diese Sekundenausschnitte, die komplexe Geschichten erzählen! Die Macht des schwarz-weißen Bildes! Am liebsten möchte man wie in einer Zeitmaschine in die Szenen hineinspringen, um die Stimmungen aufzunehmen, die Gerüche der Macht, des Erfolges, der häufig so schwierigen, aber jetzt so viel besser erscheinenden alten Zeiten. Die fünfziger Jahre mit diesen unglaublichen Stehlampen. Die Sechziger mit Minirock und Beatles. Die Siebziger mit dieser unglaublichen Farbmischung von Orange und Braun(!) an den Wänden. Die Achtziger mit »Tutti Frutti« im Fernsehen. Die Neunziger schließlich mit dem vereinten Deutschland. Ja klar, die Bilder an der Wand sind »Westbilder«, auch wenn Erich Honecker zu sehen ist. Es ist die Macht der Geschichte, die da scheinbar belanglos von den Wänden blickt und mich immer wieder einfängt. Und hinführt zum klassisch-rheinischen Getränk, dem Kölsch. In einer wunderbaren Sequenz des Films »Club der toten Dichter« führt der Schauspieler Robin Williams in der Rolle des Lehrers seine Abiturschüler vor den Schaukasten mit den Fotografien der vorherigen Abgangsklassen und fragt sinngemäß: »Hört Ihr, wie sie schreien? Hört Ihr wie sie rufen ›Wir sind die Größten!‹?«. Diese Szene ist deshalb so eindrucksvoll, weil sie die Vergänglichkeit, den Wert eines kurzen Moments so schmerzhaft vor Augen führt, zugleich aber auch die Großartigkeit eines jeden Lebens, eines jeden Strebens nach eigener Wichtigkeit, nach einem vollendeten Werk vermittelt. »Nutze den Tag!« – das scheinen alle Gesichter, die hier zu sehen sind, ihren Betrachtern zuzurufen. »Mach was draus, so wie wir! Wir haben auch nicht alles gewußt, aber wir wollten etwas erreichen!« Manchmal möchte ich die lärmenden Gäste um Ruhe bitten und auf den Gesichtsausdruck eines Politikers aufmerksam machen, der Wichtiges für Deutschland geleistet hat. Oder eine Debatte darüber auslösen, ob diese Vertragsunterzeichnung – im Bild festgehalten – Deutschland nun wirklich geholfen hat oder nicht. Die Kneipe quasi zur fulminanten Talkshow umfunktionieren! Aber dann denke ich, die Gäste haben genug mit sich selbst zu tun. Laß' sie doch in Ruhe ihren eigenen Momentaufnahmen entgegenfiebern. – Nachdenklichkeit, Siegessicherheit, Größe und Größenwahn, all das zeigen die wunderbaren Bilder in der »Ständigen Vertretung«, und all diese Regungen liegen so dicht beieinander. Das macht für mich den Wert dieser Kneipe aus.

Und da war plötzlich auch das, von dem ich immer geträumt hatte – eine Kneipe, die eine Geschichte erzählt. In diesem Fall die Geschichte unseres Landes, beginnend in einem ›Raumschiff‹ und nun, endlich freigelassen, sich in seiner alten-neuen Hauptstadt entfaltend. Ja, Berlin ist anders als Bonn! Ja, die Größe, die Brüche, die Baustellen. Ja, auch die immensen Kosten, die der Umzug verschlungen hat. Und ja der Bankenskandal, der die Hauptstadt noch tiefer in die Pleite reißt.

Läßt man nur einmal für fünf Minuten auf sich wirken, daß Bonn klein, reich, übersichtlich, aber eben auch eingefahren und damit für wirklich wichtige Entwicklungen ungeeignet gewesen ist, dann wird einem klar, daß dieses Berlin etwas verkörpert, was es so nirgendwo mehr geben wird: Eine zweite Chance! Die Chance auf einen guten Weg, nach all den schrecklichen Erfahrungen mit Nazi-Deutschland. Zwischen all den Alt- und Neubauten, zwischen all dem Unfertigen, das einem jeden Tag in Berlin entgegenspringt, wieder anzufangen. Auf friedlichem Weg Ost und West, arm und reich, Deutsche und Nichtdeutsche zusammenzuführen. Letztlich nach all der Ängstlichkeit mutig zu sein.

Wenn Berlin aufwacht, erwachen immer auch neue Ideen, kühne Versuche und Pläne. Auch die neuen Politprofis stehen am Anfang. Das macht sie weniger überheblich gegenüber den den übrigen Anfängern und greifbarer für das Volk. Doch noch ist in dieser Stadt nichts eingefahren. Neben Love-Parade und Christopher Street Day, neben Museen, Theatern, Opernhäusern und neuen Kinopalästen feiern neuerdings 250.000 Menschen Kölner Karneval am Brandenburger Tor. Berlin, die Alt- und Neu-Berliner, probieren sich aus. Teilweise unter Schmerzen. Auf meinem Weg, zu einem dieser ›göttlichen‹ Medienwesen zu werden – keine Sorge, ich schnappe nicht über! – lernte ich Friedel Drautzburg kennen. Er kam als Gast in meine Sendung »Koschwitz« für N 24, die gleich um die Ecke in der Reinhardtstraße produziert wird. Mich faszinieren ehrliche, unruhige, ständig von Ideen getriebene Menschen. Drautzburg ist so einer. (Was wäre er ohne seinen Partner Harald Grunert?)

Ein unkomplizierter Rheinländer, dessen sprachlicher Singsang mich gleich wieder in meine zweite Lieblingsstadt – Köln – versetzte. Hab' ich doch dort meine Fernsehkarriere beginnen dürfen. Außerdem klebte ich schon als Schüler vorm Radio, wenn mir WDR 2 aus Köln in ebendieser rheinischen Gelassenheit von Gisela Marx bis Carmen Thomas und Klaus-Jürgen Haller das politische Leben der Bonner Republik erklärte. Friedel Drautzburg brachte Bilder und Geschichten mit, von Willy Brandt und seinen Gesprächen mit Walter Scheel, von Kohl und Genscher, vom hanseatischen Helmut Schmidt, von Gorbatschow und Raisa, zusammen mit der großartigen Hannelore Kohl und dem Altkanzler. Friedel Drautzburg war eigentlich als Fürsprecher Bonns in meine Sendung eingeladen worden, als Berlin-Fürsprecher war der einzigartige »Bild am Sonntag«-Kolumnist Martin S. Lambeck da, der damals noch für die »Welt am Sonntag« arbeitete. Streit war vorprogrammiert. Aber was passierte, war ein respektvolles Anerkennen der gegenseitigen Positionen. Der Linke und der Rechte stellten fest, daß dieses Berlin eine Chance verdient, in die Rolle Bonns hinein- und später vielleicht über sie hinauszuwachsen. Es war in guter Tag für's deutsche Fernsehen.

Die »StäV« ist eine laute Kneipe. Es wird gestritten und gefeiert, informiert und gemunkelt. Manch gutes Geschäft hat in der »StäV« schon seinen Anfang genommen, und so mancher Journalist ging schlauer vom Politikertreffen, als er gekommen war. Und wie selbstverständlich sitzen Parlamentarier neben Touristen, Stars neben Zuschauern und alle gemeinsam genießen ein Stück Rheinland in Berlin.

Manchmal gehen meine Redaktion und ich auf ein bis fünfzehn Kölsch in die »StäV«. Das sieht schon wieder nach einer ordentlichen Trinkerkarriere aus (siehe oben), ist aber dem Eingeweihten als bestenfalls mittleres Gelage bekannt. Bei diesen reagenzglasgroßen Biergläsern ist die Gefahr eines Schwipses deutlich begrenzt ... sagen jedenfalls die aufmerksamen Kellner! Und hinter all dem steht Friedel Drautzburg (zusammen

Premierenfeiern

Die »Ständige Vertretung« ist für mich ein Ort der Premieren: Mein erstes Kölsch (Fortsetzung eher nicht), der erster politischer Aschermittwoch mit der PDS in Berlin (Fortsetzung garantiert), Uraufführung einer neuen Hymne für Deutschland (Fortsetzung auf CD). All das konnte so wohl nur in der »StäV« über die Bühne gehen.

Gabriele Zimmer, Vorsitzende der PDS

mit seinem Partner Harald Grunert, der stillen Stütze, dem Realisator!), stets aufgeräumt, stets nüchtern, immer mit sichtlichem Vergnügen damit beschäftigt, Neues zu entdecken, Provokantes zu denken und zu sagen. Irgendwie hat er in die Tat umgesetzt, wovon ich immer geträumt habe: Eine Kneipe, ein Restaurant, eine Bar in der erzählt wird, in der Geschichten erdacht werden und das Interieur Geschichte gemacht hat. Das Rheinland, nein: das politische Deutschland hat hier eine »Ständige Vertretung«! Ob ich die Idee mit den Fernsehstars und unserer Mediengeschichte vom Kriegsende bis heute wieder aufgegriffen habe? Ob's für solch eine Kneipe einen Platz gäbe? Ich weiß es nicht. Vielleicht sollte ich mal mit Drautzburg und Grunert darüber reden!

Laurenz Demps

Der Schiffbauerdamm in Berlin

DIE ANFÄNGE

Eine immer attraktiver werdende Straße: so stellt sich der Boulevard auf der Nordseite der Spree zwischen Friedrichstraße und S-Bahn-Brücke heute wieder dar. Er ist Zielpunkt zahlreicher Berlin-Besucher und Treffpunkt der Rheinländer und ehemaligen Bonner, die der Lauf der deutschen Politik vom schönen Rhein an die spröde Spree ›verschlagen‹ hat. Seine Wiederaufwertung lohnt einen kurzen Blick in die lange Geschichte. Das Gelände des heutigen Schiffbauerdamms und seines Hinterlandes gehörte einst zur Feldmark des in den Kämpfen der Ostkolonisation untergegangenen Dorfes Wedding und dann zu den 124 Hufen nebst Wald und Weide, mit denen Berlin bei der Verleihung des Stadtrechts ausgestattet wurde. Im Norden, etwa auf dem heutigen Gelände der Charité lagen die Wolfsberge, die zunächst dicht bewaldet waren und später als Weinberge genutzt wurden. Anfang des 16. Jahrhunderts trennte der Magistrat der Stadt Berlin die Weinberge sowie die Gegend um die Panke mit ihren Fischteichen und Ackerstücken von den Wiesen ab. Nach 1540 erwarb Johannes Agricola, ein Freund Luthers, der als Hofprediger nach Berlin berufen worden war, diesen Landstreifen. Nach seinem Tod (1566) gelangte er in verschiedene Hände, schluß-endlich 1655 in die des Kurfürsten Friedrich Wilhelm (»der Große Kurfürst«), der es dem Vorwerk der Kurfürstin Luise Henriette aus dem Haus Oranien, dem späteren Schloß Monbijou, zuschlug. Nach deren Tod wurde des »Churfürsten Vorwerck, Ziegelscheune und Buden« dem Amt Mühlenhof (13. Juni 1667) unterstellt, das den landesherrlichen Besitz in und um Berlin verwaltete.

Es folgte die Anlage der Dämme zum Abhalten des Wassers der Panke. Ein erster Damm entstand rechts der Spree, der spätere Schiffbauerdamm, ein zweiter von Norden nach Süden, der die Panke sowie den Adler- und Sellerteich westlich liegen ließ. Er ging bis zur Spree, und 1674 entstand die Brücke über die Spree, die heutige Weidendammerbrücke.

Weitere Einzelheiten betrafen andere Schutzmaßnahmen vor einem möglichem Hochwasser. Heute ist schwer vorstellbar, daß das kleine Rinnsal Panke Überschwemmungen von zerstörerischer Kraft mit sich bringen konnte. Ein Hochwasser der Spree und der Panke – wer würde dem heute sanft dahinfließenden »Bach« derartiges zutrauen – hatte den Garten und das Vorwerk verwüstet. Um dem abzuhelfen, wurde der heutige Schiffbauerdamm angelegt.

Das Gelände war von der Stadt aus durch den Spandauer Heerweg, heute Oranienburger Straße, zu erreichen. Mit der Ausbau des späteren Schlosses Monbijou und der Anlage der Dorotheenstadt auf dem linken Spreeufer veränderten sich die Verkehrsverhältnisse.

Vom damaligen Vorwerk Monbijou lief eine Straße nach einer kleinen Pankebrücke – heute Sandkrugbrücke. Sie traf sich an der heutigen Einmündung der Reinhardtstraße mit der 1674 angelegten heutigen Friedrichstraße. Diese Straße entstand nach der Anlage der auf der linken Spreeseite liegenden Dorotheenstadt und führte über die Wiesen am linken Spreeufer. 1730 wurde der kleine Weg mit dem Schutt der Ruine der abgebrannten Petrikirche aufgefüllt und mit Weiden bepflanzt. An dem Punkt, an dem sich beide Straße in einem Winkel trafen, entstand ein Platz, der seit dem Ende des 19. Jahrhunderts bebaut wurde. Zunächst hieß er »Schönfärberplatz« und seit 1790 »Thierarzney-Schulplatz«. Die vereinigten Straßen liefen dann quer über das Gelände auf die erwähnte Pankebrücke zu. Die entstehenden großen Grundstücke ordneten sich nach dieser Straße und nicht wie heute nach der Friedrichstraße. Von dieser Anlage hat sich eine kleine Privat-Straße erhalten, die von dem ehemaligen Platz zum Gelände der heute von der Humboldt-Universität genutzten ehemaligen Tierarzneischule führt. Die heutige Friedrichstraße hatte ursprünglich keinen eindeutigen Namen, sondern trug von Abschnitt zu Abschnitt unterschiedliche Bezeichnungen.

Das »Wein ABC« vor der Renovierung

DIE GÄRTEN, MANUFAKTUREN UND DER WEG NACH CHARLOTTENBURG

Kurfürst Friedrich III., später Friedrich I., gestattete am 26. August 1691 seiner Gemahlin, die zum dem Vorwerke vor dem Spandauer Thore belegenen Ländereien zu parzellieren und zu veräußern. Während östlicher der heutigen Friedrichstraße Gärten zur Anlage kamen, wurde der Schiffbauerdamm und sein Hinterland ein erstes Manufakturzentrum. Am 9. August 1699 erhielten Johann Balthasar Brauer und Michael Ebers »ein gnädigstes Privilegium« zur Anlage einer »Catton-Druckerey-Fabrique«. Als Platz für diese Manufaktur, die eine große Wiese und Wasser benötigte, wurde ein Platz an dem bereites erwähnten Weg in der Nähe des französischen Hospitals gefunden. Damit begann in diesem Gebiet die Manufakturentwicklung, die erwähnte Kattun-Druckerei übernahm die Pionierrolle. 1705 erwarb August Steuben und am 29. April 1707 ein Herr Trenoy das Grundstück und die Manufaktur. Dann kam das Gelände in Besitz des Grafen Schlieben, dann des Kriegsrats Vahlenkamp. Am 1. Februar 1751 erwarb das Grundstück der Königliche Ober-Hofmarschall und Wirkliche Geheime Etats und Dirigirende Minister, Reichsgraf von Reuß. Es folgte die Verlegung der Stadtgrenze an den westlichen Rand des uns

interessierenden Geländes auf der Spree – dem Unterbaum – im Jahre 1698, eine Stadterweiterung, die zunächst den Namen »Vorstadt vor dem Spandauer Thor« und dann »Spandauer Vorstadt« erhielt. Friedrich I. ließ 1702 den ersten Fahrgastbetrieb für den Hof zwischen dem Berliner Stadtschloß und dem Schloß in Lietzenburg/Charlottenburg einrichten. Dazu nutzte man zuerst eine kleine Gondel, eine sogenannte Treckschuyte oder Treckschute, die über einen festen Kajütenaufbau für die Mitfahrenden verfügte, aber weder Mast noch Segel trug. Diese Fahrten fanden zweimal am Tage zu vorgeschriebener Zeit statt und es ging gemächlich auf dem geschwungenen Flußlauf – über Zeit verfügte man damals reichlich – zwischen Berlin und Charlottenburg hin und her.
Der König ließ für seine Zwecke 1705 in Amsterdam ein prächtiges Schiff bauen. Es kostete 100.000 Taler und wurde auf den Namen »Friedrich« getauft. Seine Ausstattung war überaus prächtig, den Rumpf zierten weibliche Figuren in Rüstung und Zepter oder mit Palmen, Kamelen und Strauß, die Kontinente symbolisierend. Das Schiff war sechsundzwanzig Meter lang und sieben Meter breit. Zwei Genien trugen ein Medaillon mit dem Bild Friedrich I. und seinen Namenszug. Die Kajüten waren in blauen und gelben Damast gehalten und insgesamt für die Bedürfnisse eines Königs gestaltet. Im November 1707 traf die Jacht über Hamburg elbaufwärts in Richtung Berlin auf der Havel ein. Wegen des niedrigen Wasserstandes und ihres für Flüsse zu großen Tiefganges blieb sie monatelang liegen, denn eine Hochseejacht konnte in Binnengewässern eben nicht segeln. Erst im Frühjahrshochwasser kam das Schiff dann in Bewegung und traf am 8. März 1708 in Berlin ein. Bei der Einfahrt in die Stadt setzte der Wind aus und das stolze Schiff mußte wie eine Treckschute von hundert Soldaten an einen Platz vor dem Berliner Schloß gezogen werden. Es segelte dann nur selten auf der Spree, wurde zu Hoffesten genutzt. Im Jahre 1716 tauschte König Friedrich Wilhelm I. mit dem russischen Zaren das »unnütze« Lustschiff gegen Soldaten; Nachschub für die »langen Kerls«. Die Idee dieses Schiffes mußte stadtgestalterische Folgen haben, in den Jahren zwischen 1702 und 1713 auch zu Konsequenzen in dem hier interessierenden Gebiet führen. 1704 kam es zur Anlage des Nordgrabens mit dem Ziel eines Verbindungswegs zwischen Charlottenburg über die Spree bis zu diesem Ort und von hier nach Pankow; damals noch nicht endgültig ausgeführt. Ein kleiner Verkehrsknoten sollte in dem Gelände an der Spree entstehen. Ursprünglich war das Terrain nach Süden durch die Spree abgesperrt und nur über die Weidendammerbrücke erreichbar. Die Meierei, die sich auf dem Standort des heutigen Reichstags erhob, war der Bezugsspunkt. Aus diesem Grund liefen die Verkehrswege in diese Richtung.
Herausragender Punkt war der Unterbaum am Ende der Karlstraße. Hier endete die Stadt im Westen. Dahinter lag der Tiergarten. Zur Nacht wurde die Spree bis zum Jahr 1865 abgesperrt. Das Kontrollgebäude des Unterbaums aus der ersten Hälfte des 19. Jahrhunderts – zwar Ruine – fiel erst nach 1961 aus politischen Gründen der Spitzhacke zum Opfer. Das Aufschütten eines Damms für die Pferde, die die Schiffe zogen, war die unmittelbare Folge des Lustschiffes. Bei Aufnahme des Treckschutenverkehrs

»Ständige Anlaufstelle«

Die »Ständige Vertretung« in Berlin ist ein Stück Heimat – nicht nur für Urkölner und Rheinländer, sondern auch für einen bekennenden Westfalen. Für mich ist sie die »Ständige Anlaufstelle« bei meinen Besuchen in Berlin, wenn ich alte Bekannte treffen und neue Kontakte knüpfen will. Daß es dazu die passenden Speisen und Getränke gibt, erleichtert die Sache ungemein.

*Manfred Erdenberger,
politischer Chefkorrespondent Hörfunk
des Westdeutschen Rundfunks Köln*

1702 mußte er im Zustand der Nutzung gewesen sein. Damit haben wir den wesentlichen zeitlichen Ausgangspunkt für die Planung sowie den Ansatz der Namensbildung: »Treckschutendamm«, dann nur der »Damm« und später »Schiffbauerdamm«.

NEUE ANSIEDLUNGEN
Bekanntlich fährt es sich flußabwärts leichter als flußaufwärts, und das insbesondere in einer Zeit, die außer Wind und Muskelkraft von Mensch und Vieh keine weiteren Zug- oder Antriebsmöglichkeiten hatte. Versorgungs- und Fertigungstätten lagen deshalb vor allem am Ausgang der Stadt flußabwärts. Kam – wie im Falle des Schiffbauerdamms – noch die günstige Lage an der Mündung eines kleinen Flusses hinzu, entstand sehr bald ein Knoten früher Manufakturentwicklung. Die Mündung der Panke bot Wasser, der freie Raum um den Schiffbauerdamm ließ Mühlen zu. Mit der Entwicklung des Manufakturwesens in Berlin entstand um die Teiche und die Panke einer der ersten, wichtigsten Standorte der Manufakturen. Zu dem Manufaktur- und Gewerbezentrum gehörten viele Schiffbaumeister, zahlreiche Holz- und Lagerplätze für Baumaterial usw. Unter den Schiffbaumeistern waren insbesondere Vater und Sohn Köpjohann von Bedeutung. Sohn Friedrich Köpjohann hinterließ im 18. Jahrhundert die entstandene Einrichtung, die noch heute existiert: die Köpjohannsche Stiftung.

Das erste Grundstück, das der Schiffbauer Friedrich Köpjohann besaß, trägt heute die Bezeichnung Schiffbauerdamm Nr. 12. Als erster Besitzer wird der Schiffbauer Johl genannt, der am 19. Juli 1708 an den Königlichen Schneidermeister Johann Golle »Haus und Hof« verkaufte. Am 23. April 1712 erstand der Schiffbaumeister Martin Köpjohann das Grundstück für hundertsiebzig Taler. 1723 vergrößerte Martin Köpjohann seinen Besitz und verkaufte ihn am 9. Januar 1737 für siebenhundertfünfzig Taler an seinen Sohn Friedrich. 1757 kaufte dieser vom Kriegsrat Hesse ein Geländestück, das vorher zum Wartenslebenschen Besitz gehörte und sich nach Westen hinter den Grundstücken bis zur heutigen Nr. 20 hinzog. Am 16. Oktober 1773 erweiterte Friedrich Köpjohann seinen Besitz nach Osten und erwarb die Grundstücke mit der heutigen Nr. 8 und 9, über die im 19. Jahrhundert die Albrechtstraße gezogen wurde. In seinem am 3. Juni 1792 abgefaßten Testament teilte er seinen Besitz. Den westlichen Teil – beginnend mit der heutigen Adresse Schiffbauerdamm Nr. 12 – und einen Teil des Hinterlandes erhielten die »Universalerben, die Schiffbaumeister Lackmannschen Eheleute.«

Bahnhof Schiffbauerdamm

Die freudestrahlenden Augen von Friedel Drautzburg, als ich Aufsichtsratschef der Deutschen Bahn auf seinen Wunsch über dem ersten Fenster rechts ein Original-Bahnhofsschild Bonn – Bad-Godesberg aufhing und mir der damit verbundene Medienauflauf zeigte, daß Drautzburg schon längst eine Berliner Institution geworden ist.

Dr. Heinz Dürr, Unternehmer, Aufsichtsratsvorsitzender der Dürr AG

Der zweite, östliche Teil wurde »zu einer milden Stiftung bestimmt, und als das Koepjohannsche Armenhaus, der Auffsicht des Ministerii der Sophien Kirche unter Direction Euer Königl. Majestät Ober Consistorii« gestellt. Die milde Stiftung erhielt weiterhin 5.000 Taler, und das Gebäude auf dem Grundstück mit der heutigen Nr. 8 sollte zur Unterbringung der Witwen und Waisen aus seiner und seiner Frau Familie dienen. Sollten dann noch freie Plätze vorhanden sein, konnten Witwen und Waisen aus dem Spandauer Viertel hier Unterkunft finden. Der Schiffbauerdamm hatte 1799 genau sechsundzwanzig Grundstücke, 1827 dann – bis heute – vierzig. Dementsprechend waren bis 1827 Teilungen der Grundstücke am Schiffbauerdamm und in den folgenden Jahren in der Luisenstraße nachweisbar.

NEUE STRASSEN ENTSTEHEN
Das bisher ungestaltete Gelände wurde von mehreren Straßen durchzogen, die eine städtische Besiedlung ermöglichen. Der König wollte offensichtlich dieses Stadtgebiet formen lassen, konnte aber mit der bisherigen Selbstverständlichkeit, derer sich seine Vorfahren auf dem Thron noch »befleißigen« konnten, nicht mehr handeln. Es gab aber genügend potentielle Geldbesitzer (verwiesen sei u.a. auf die Umgestaltung des Pariser Platzes), die mit »königlicher Genehmigung« kauften, d.h. mit Zustimmung des Königs auf ihre Kosten Stadtplanung im Sinne königlicher Absichten unternehmen. Sie wurden bevorzugt, handelten im Einverständnis und realisierten Absichten des Herrschers. Das Motiv des Königs war die Gestaltung der Stadt, ihr Motiv der Gewinn: Beide Kontrahenten fanden sich und lösten das Problem dieses Viertels gültig bis in die Gegenwart. Die 1826 beschlossenen und nach langen Auseinandersetzungen 1827 angelegten Straße erhielten folgende Namen:
a) Albrechtstraße, b) Marienstraße und
c) Karlstraße – nach Angehörigen des Königshauses. Die damals jüngste Tochter Friedrich Wilhelm III., Prinzessin Luise, heiratete in diesem Jahr den Prinzen Friedrich, nachmaligen König der Niederlande. Ihr zu Ehren erhielt die in Süd-Nord-Richtung neu anzulegende Straße den Namen »Luisenstraße«. Das Stadtgebiet hinter den Schiffbauerdamm-Grundstücken sollte von Straßen durchzogen werden, deren Hauptachse sich von der Marschallbrücke in gerader Linie zu ziehen hatte. Damit war ein rechtwinkliges Planungsschema vorgegeben, das im Gegensatz zur überlieferten, barocken Schrägstellung der Mehrzahl der Grundstücke stand. Die Besiedelung begann. Nördlich der Stadtbahn hat sich über weite Strecken das historische, großstädtische Bild der ersten Hälfte des 19. Jahrhunderts bewahrt. Hauptverbindungsachse zur Erschließung des Gebiets wurde die Luisenstraße, an deren nördlichem Ende

die Charité liegt. Nach Ausbau dieses international bekannten Krankenhauses zu einer Bildungs- und Forschungsstätte prägte sie das Gebiet nördlich des Schiffbauerdamms. In der Literatur wird die Bezeichnung »Quartier latin der Arbeit« überliefert. Ein weiterer Vorstoß – »Bitte der Bürger genannt« – folgte am 1. November 1828. Es heißt in ihr, daß das Gelände bisher »frei und offen dalag, die ganze Fläche von der Marschall-Brücke, bis nahe dem Unterbaum und zum Charité-Krankenhause; also einen ungeheuren Raum einnehmend, nur – mit Ausnahme der damals darauf befindlichen sogenannten freundlichen Bäder des Hauptmanns von Neander – den traurigen Anblick eines enormen Sumpfes gewährte.« Es wird gelobt und auf die großstädtische Anlage verwiesen. Man wünschte sich nun, die Stadt nach Norden durch ein Tor zu öffnen (später Neues Tor). Eine Königliche Kabinetts-Ordre vom 8. August 1828 wies dies an. Von diesem Tage an erhielt das neu entstandene Stadtviertel zwischen Schiffbauerdamm und dem 1832 eröffneten Tor den Namen »Friedrich-Wilhelm-Stadt«, vormals umgangssprachlich »untere Dorotheenstadt«. Der Unterbaum grenzte die Stadt nach Westen ab, eine scharfe Stadtkante entstand, die die Friedrich-Wilhelm-Stadt deutlich gegen den außerhalb liegenden Tiergarten und die dort entstehende vorstädtische Bebauung abgrenzte.

Das Viertel wird oft auch »Rheinisches Viertel« genannt. Offensichtlich nahmen nach der Reichseinigung von 1871 Persönlichkeiten aus Süd- und Westdeutschland, die in die Reichsverwaltung kamen, hier Quartier. Durch Marschallsbrücke und Kronprinzenbrücke war eine Verkehrsverbindung zum Geheimratsviertel rund um den Königsplatz am Reichstag gegeben. Mit der Errichtung des neuen Reichstags wurde es aufgewertet und kam in direkte Beziehung zu diesem Haus. Das Gebiet bildete nun das Hinterland des Reichstags und des Regierungsviertels rund um die Wilhelmstraße. Charakteristisch war die Durchmischung von Behörden- und Wohnbauten.

TEIL DER WERDENDEN GROSSTADT
Ein »Allerhöchster Erlaß« vom 11. Juni 1864 brachte Leben in die bis dahin stille Ecke Berlins. Ende 1863 hatten sich Vertreter der Crème der Berliner Handels- und Geldkreise zur Gründung einer »Berliner Immobilien-Actien-Gesellschaft« zusammengefunden. Das waren Gerson Bleichröder, der als Bankier Bismarcks in die Geschichte eingegangen ist, Adolph Hansemann, einst preußischer Ministerpräsident, von dem das berühmte Wort »Bei Gelddingen hört die Gemütlichkeit auf, da hat nur der Verstand uns zu leiten« stammt, Peter Mendelssohn-Bartholdy, nicht nur ein Vertreter einer alten jüdischen Familie Berlins, sondern auch königstreuer Bankier Friedrich Wilhelm IV., die damals bekannten Berliner Finanziers Heinrich Henoch, Ferdinand Jaques, Friedrich Gelpcke u. a., die zum Teil im Eisenbahnbau Preußens ihre Meriten und Geld verdient hatten sowie der »Commercien-Rath Herr Hitzig«, als Architekt stadtbekannt. Ihre Gründung zielte auf ein Projekt zur »Modernisierung« Berlins. Aber gerade dieser Gedanke wurde nirgendwo ausgeführt, da Konkurrenten »drohten«, spielte aber die entscheidende Rolle. Ein Antrag an den König fand Gehör und die Bestätigung des Status der Gesellschaft am 23. Juni. Das Comite, erwarb das Grundstück des »Bürgers und Maurermeisters Johann Christian Leckler« – einst

den Gebrüdern Rimpler gehörig. Es lag am Schiffbauerdamm Nr. 2. – später Nr. 3 und 4 – sowie in der Karlstraße Nr. 18. Zu ihm gehörte die heutige Straße »Am Zirkus«. Durch Kauf wurde das Gelände abgerundet, gestaltet und fand die bis heute gültige Form. Nach Plänen des Architekten, Akademiedirektors und Geheimen Oberbaurats Hitzig entstand nach Pariser Vorbild eine Markthalle, die am 29. September 1867 eröffnet wurde. Er wollte ebenso wie seine Mitstreiter einen »Modernisierungsschub« in die Großstadt bringen und die hygienischen Verhältnisse verbessern. Die Überlegungen gingen aber nicht auf. Einerseits war die Lage der Halle nicht günstig, zum anderen besaß der Verkaufsort »Markthalle« keinen Anschluß an die Eisenbahn. Die »1. Berliner Markthalle« schloß im April 1868, der Bau lag verweist, ehe u.a. mit dem Markthallen-Zirkus und dem legendären Circus Schumann die leichte Muse bzw. die Hochkultur Einzug hielt. Auf der anderen Seite des Bahnhofs Friedrichstraße befand sich mit dem »Wintergarten« ein weiteres legendäres Varieté – das alles zog ein Massenpublikum an. Als Folge des Zirkus, der Varietés, Kleinkunstbühnen, Kinos und Theater entstand vor 1900 ein dichtes Netz von Gaststätten, Cafés und Weinstuben und am Oranienburger Tor zahlreiche Pensionen für die Künstler, die hier arbeiteten.

DER NIEDERGANG
Während des Ersten und Zweiten Weltkriegs prägte der Bahnhof Friedrichstraße ganz entscheidend das Leben in diesem Viertel. Zentral gelegen, stellte er die Anlaufstelle für Soldaten dar, die auf dem Weg vom Urlaub an die Front Berlin passieren mußten. Sie erhielten in der Bahnhofskommandantur ihren Stempel, den Laufzettel und den Transportbefehl zur nächsten »Frontleitstelle«. Sie konnten in einer großen, unterirdischen Kantine Verpflegung »fassen«. Diese befand sich auf dem Gelände, auf dem heute der »Tränenpalast« steht. Man hatte Zeit und mußte sie sich vertreiben. Die zahlreichen Lokale, Bordelle und kleinen Kinos – z.B. im S-Bahnbogen – erlebten einen bis dahin nicht gekannten Boom. Rund um die Uhr trank und tanzte man in den Lokalen, vertrieb sich die Zeit und die Angst vor der Front.
»Rheinterassen« und »Alt-Bayern«, »Große« und »Kleine Melodie« und wie die Lokale alle hießen wurden in diesen Jahren von zehntausenden Soldaten auf dem Weg an die Front besucht. Solche Nachbarschaft ramponierte das Ansehen dieses Viertel und alteingessene Lokal wie »Der Trichter« auf dem Schiffbauerdamm oder »Die Schildkröte« in der Dorotheenstraße, beide von vielen Künstlern besucht, hatten einen schweren Stand. Aber diese Welle rollte über die Gegend und ihr Hinterland bis weit in die heutige Torstraße. Dann kam der Krieg auch in diese Gegend. Harte Kämpfe entbrannten um die Panzersperre an der Weidendammbrücke.
Der Bahnhof stellte dann den Impuls zur Wiedergewinnung des Lebens. Man richtete sich ein und versuchte an die Zeit vor der braunen Diktatur anzuknüpfen. Theater und der Friedrichstadtpalast boten Möglichkeiten; die kleinen Pensionen und einige Lokale, die von Künstlern besuchten wurden, blühten wieder auf. Alles sah um 1950 nach einem gelungenen Neuanfang aus. Symbol dessen war die Einrichtung des Berliner Ensembles im ehemaligen Friedrich-Wilhelm-Städtischen

Theater direkt am Schiffbauerdamm. Bertolt Brecht hatte es nach seiner Rückkehr aus der Emigration 1949 gegründet und nutzte bis zu seinem Umbau die Möglichkeit, im nahegelegene Deutschen Theater gastweise zu spielen. 1954 erhielt er sein eigenes Haus, das ein Magnet für die Theaterwelt weit über die Grenzen der DDR und Deutschlands wurde.

Die Ruinen verschwanden nach und nach, und große Grünflächen bestimmten das Bild. Weniger zerstört war der Schiffbauerdamm um die Albrechtstraße. Hier entstand etwas Neues: Das »Wein-ABC«, ein gemütliches Lokal, in dem ausschließlich Wein getrunken wurde und das gehobenen Ansprüchen genügen sollte. Es war insbesondere bei Theaterbesuchern sehr beliebt. Ebenso das Speiselokal »Ganymed«, das in den Räumen des ehemaligen Clubs »Genfer Verband« entstand. Es war in französischer Manier eingerichtet und seine Küche genügten höchsten Ansprüchen der damaligen Zeit. Der Chefkoch genoß in den Branche einen sagenhaften Ruf. Wer hier eine Lehrstelle erhalten konnte, hatte für sein weiteres Berufsleben eine solide Grundlage.

Dann kam der Einschnitt, der auch diese zarten Pflanzen nachhaltig beeinträchtige. Am 13. August 1961 wurde die Stadt brutal durch die Mauer zerschnitten. Was eben noch Zentrum der Stadt war, geriet am Schiffbauerdamm in eine Randlage. Die Theater und Vergnügungsstätten wurden von einem Teil des Publikums getrennt. Zwar blieben alle Einrichtungen erhalten und führten ihren Betrieb weiter, aber nach und nach und fast unmerklich verlor dieses Quartier seinen für die Stadt belebenden Charakter. Die Bausubstanz verschliß, immer weniger Menschen wohnten in diesem Gebiet. Zwar blieb der fast legendäre Ruf der wissenschaftlichen Einrichtungen wie der Charité oder der Theater bestehen, aber im wesentlichen wurde der Bestand gesichert.

Der alte Friedrichstadtpalast mußte aus Gründen der Baufälligkeit verschwinden, ein Neubau in der Friedrichstraße konnte 1983 eröffnet werden, internationale Künstler waren hier zu Gast und konnten zwar den »Duft der großen, weiten Welt« hierher tragen, aber der Stadtraum war nicht mehr, wie einst, die »große, weite Welt«. Am Bahnhof Friedrichstraße, der nun Grenzbahnhof und Übergang geworden war, entstand der »Tränenpalast«, die Grenzübergangsstelle; hier war die Welt zu Ende.

Heute liegt der Schiffbauerdamm wieder im Zentrum der vereinten Stadt. Zahlreiche Kultureinrichtungen sowie nahezu alle großen Nachrichtenagenturen und TV-Stationen in der näheren Umgebung haben zu einer neuen Blüte der Gastronomie in diesem Quartier beigetragen. Mit der »StäV« hat sich 1997 ein Lokal am Ufer der Spree angesiedelt, das nicht nur den ›Brückenschlag zwischen Rheinland und Berlin‹ vollzieht, sondern als Berlins bekannteste Polit-Gaststätte auch mit einem ausgeprägten Standortbewußtsein ausgestattet ist. Sie hätte keinen besseren Ort finden können als diesen.

Geschichtsunterricht

Die »StäV« in Berlin ist wie Geschichtsunterricht in der Kneipe!

Rezzo Schlauch, Mitglied des Deutschen Bundestages, Fraktionsvorsitzender Bündnis 90/Die Grünen

Geert Müller-Gerbes

Anstoß von außen

Von der Vielfalt fremder Einwirkungen auf das Leben der Stadt Berlin, dargestellt in Sonderheit an mancherlei Wechselbeziehungen zwischen dem Rheinland und der Stadt an der Spree

Berlin als Stadt ist noch recht jung. Gemessen an den römischen Siedlungen an Rhein und Mosel mit ihren vielfach mehr als 2.000 Jahren – etwa Mainz, Trier, Bonn, Köln oder selbst Xanten – geradezu jugendlich. Es liegt auf der Hand, daß derartig junge Städte Handreichungen von außerhalb gern angenommen haben, ja, ohne sie geradezu lebensunfähig gewesen wären. Selbst die Hohenzollern waren ja nicht eigentlich Berliner und die von ihnen mit offenen Armen aufgenommenen Hugenotten wohl erst recht nicht.

Gleichwohl – die Stadt an der Spree hatte schon immer etwas Magnetisches. Sie zog Menschen unterschiedlichster Herkunft und Bildung, unterschiedlichster Auffassungen, Glaubensrichtungen und Überzeugungen an wie ein Walfisch, der Wassermassen in sein Maul schaufelt, immer in der Hoffnung, etwas bleibe schon hängen. Vieles ist und viele sind hängengeblieben. Und es waren nicht die schlechtesten – gerade in jüngster Zeit. Und nicht zuletzt aus dem Rheinland. Gleichzeitig ist von Berlin aus immer wieder versucht worden, den Einfluß immer weiter auszudehnen – auch hier war das Rheinland von besonderem Interesse.

Gehen wir dieser Besonderheit in den Beziehungen zwischen Berlin und dem Rheinland ein wenig nach. Einer der schönsten Plätze am Rhein ist der Petersberg nahe Bonn. Staatsgäste aus aller Herren Länder, Kaiser, Königinnen, Präsidenten mit großen und kleinen Namen haben den Blick von dieser Stelle aus genossen und sind bei

Münsterländer Platzhalter

Ein Besuch in der »Ständigen Vertretung« ist bei jedem Berlin-Aufenthalt Pflicht. Sie ist eine andauernde Mahnung an Berlin, sich der zweitausendjährigen Geschichte und Hochkultur des Rheinlandes bewußt zu sein. Im Spätsommer 2000 saß ich in der Mittagszeit an einem Tisch, als in das ohnehin gut gefüllte Lokal eine offensichtlich aus dem Münsterland stammende Besuchergruppe ›einbrach‹. Meinem Tisch näherte sich schnell ein Ehepaar, das ohne lange zu zögern Platz nahm, wobei der Mann mir folgendes sagte: »Wir kommen aus dem Münsterland. Sie sind doch der Freund von Möllemann. Dann haben Sie sicher nichts dagegen, daß wir uns zu Ihnen setzen.« In meiner Überraschung erklärte ich: »Selbstverständlich können Sie hier Platz nehmen.« Und mir wurde schlagartig die Bedeutung des Begriffs »Platzhalter« bewußt. Ich bin also nicht nur Möllemanns Freund, sondern auch Münsterländer Platzhalter.

Wolfgang Kubicki, Vorsitzender der FDP-Fraktion im Schleswig-Holsteinischen Landtag

dieser Gelegenheit natürlich am Rolandsbogen auf der gegenüberliegenden, ›atlantischen‹ Rheinseite hängengeblieben. Dieser Rolandsbogen ist der letzte Rest einer Burg und in der Überlieferung eng mit dem Ritter Roland, einem Neffen Karls des Großen, verknüpft, der in zarter Liebe der späteren Nonne Hildegund auf Nonnenwerth, der dem Bogen zu Füßen liegenden Insel im Rhein, verbunden war. Dieser Rolandsbogen stürzte nun in den dreißiger Jahren des 19. Jahrhunderts zusammen. Es war die Zeit der Romantik, und der am Rhein – in Unkel – lebende Dichter Ferdinand Freiligrath schuf ein herzerweichendes Poem zum Wiederaufbau des Rolandsbogens. Er bat um Spenden: »... es gilt dem Ritter und es gilt der Nonne, es gilt der Liebe und es gilt der Treu«. Wie groß war sein Erstaunen, als ihm diskret bedeutet wurde, er möge sich da raushalten. Die Burg gehöre Preußen, das seit 1815 am Rhein das Sagen hatten, der Prinzessin Marianne von Preußen. Das Berliner Herrscherhaus hatte die Burg von seinem letzten Besitzer, einem gewissen Junker Bell, gekauft, damit die Rheinländer das Gefühl haben sollten, von einem angestammten Herrscherhause regiert zu werden.

Sehr lange muß dieses Gefühl nicht angehalten haben. Die Bonner Universität immerhin ist in dieser Zeit auf Dekret von Berlin gegründet worden und heißt seitdem Friedrich-Wilhelms-Universität. Einer ihrer berühmtesten Studenten war übrigens Karl Marx, gebürtig in der alten Römergründung an der Mosel, in Trier. Er konnte seine Wirkung in und auf Berlin nur indirekt und auch nur begrenzt ausüben. Merkwürdigerweise hat kaum einer der großen Namen, mit denen sich die Stadt schmückt, seinen Ursprung in Berlin selbst. Weder der Augsburger Bertolt Brecht noch der Schlesier Gerhart Hauptmann, weder der Prager Ernst Deutsch noch der Dresdner Erich Kästner, weder der

Mannheimer Albert Bassermann noch die Wienerin Fritzi Massari sind Kinder der Stadt und haben ihr Bild in der Welt doch nachhaltig geprägt. Auch die großen Regierenden Bürgermeister Berlins wie etwa Ernst Reuter oder Willy Brandt sind nicht Berliner gewesen, sondern geworden. Und auch der gegenwärtige Amtsinhaber im Kanzleramt stammt nicht von der Spree, sondern aus dem Lippischen. Und vom Rhein? Einen nennen wir nicht beim Namen, den vom Niederrhein mit dem Klumpfuß und der großen Schnauze, unseligen Angedenkens. Aber zwei Namen seien genannt, Gustaf Gründgens und Carl Zuckmayer. Der eine aus dem mondänen Düsseldorf, der andere aus dem fröhlichen Mainz. Beide Rheinländer haben Berlin geprägt wie kaum andere ihrer Zunft. Der eine Schauspieler von großen Gnaden, der andere Dichter und Literat. Zuckmayer hat nicht nur die Köpenickiade des Schusters Voigt berühmt gemacht, sein rheinisches Naturell hat es auch verstanden, den sturen Uniformismus der besonderen Berliner Prägung aufzuweichen, satirisch zu unterlegen, in Lachen aufzulösen. Der Erfolg hat im Recht gegeben – die Welt hat gelacht über Berlin und tut es bis in die heutigen Tage. In seinem Bühnenstück »Des Teufels General« hat er eine bittere Wahrheit literarisch verarbeitet. Da belehrt er in Gestalt des Generals Harras den jungen Leutnant Hartmann über die große Völkermühle am Rhein. Er spricht von der Kelter Europas und stellt ihm die Ahnenreihe seiner Vorfahren am Rhein vor: den römischen Feldhauptmann und den jüdischen Gewürzhändler, den griechischen Arzt und den keltischen Legionär, den schwedischen Reiter und den schwarzwälder Flözer, den dicken Schiffer aus Holland, den Schauspieler aus Österreich und den Musikanten aus Böhmen – »das alles hat am Rhein gelebt, gerauft, gesoffen, gesungen und Kinder gezeugt. Es waren die besten der Welt! Und warum? Weil sich die Völker dort vermischt haben, vermischt wie die Wasser aus Quellen und Bächen und Flüssen, damit sie zu einem

»Leiderweise« oder Der Sohn des Bürgermeisters

Meine erste Begegnung mit Friedel Drautzburg war ziemlich eigenartig: Ich war damals neu in Bonn und beherrschte die deutsche Sprache noch nicht richtig. Ich saß in einem Café, trank eine heiße Schokolade und kam irgendwann mit einem netten Herrn ins Gespräch, der an einem der Nachbartische saß. Um meine seltsame Aussprache zu erklären, habe ich gesagt: »Leiderweise ist mein deutsch nicht so gut«. Er selbst hat sich dann als »Sohn des Bürgermeisters« vorgestellt – was ich natürlich geglaubt habe. Als ich dann später die Geschichte meiner Freundin Brigitte Reinhold erzählte, deren Vater selbst einmal Bürgermeister von Bonn gewesen war, hat sie mich ausgelacht: »Der Drautzburg hat dich veräppelt …«. Er war in Bonn bekannt wie ein bunter Hund, meine Freundin wußte gleich, wem ich da auf den Leim gegangen war. Seit dieser Zeit sind wir befreundet. Und jedesmal, wenn wir uns treffen, lautet unser Stichwort »leiderweise …«.

Mania Feilcke, Präsidentin des Diplomatenclubs am Auswärtigen Amt

Vogelkunde

Seit dreißig Jahren bin ich Gast in Friedels Kneipen und Restaurants. Die »StäV« schießt den Vogel ab! Sogar der polnische Staatspräsident Kwasniewski war schon dort. Grüße von der Weichsel an die Spree.

Frank Elbe, Botschafter der Bundesrepublik Deutschland in Polen

lebendigen Strom zusammenrinnen. Vom Rhein – das heißt vom Abendland. Das ist natürlicher Adel.«

Schöne Bilder – Völkermühle, Kelter Europas. Solche Erfahrungen haben die Menschen dieser Region geprägt seit Jahrhunderten, seit 2000 Jahren. Genuß und Lebensfreude, Weinbau und Bierbrauen, leben und leben lassen, dem Nachbarn ein Stück Lebensfreude gönnen. Toleranz. Auf diesem Boden ist ein gutes Stück rheinisch-europäischer Urbanität gewachsen, deren Höhepunkt keineswegs nur Köln ist. Als der Regierungssitz, der vorläufige, mit dem Anspruch auf Endgültigkeit von Bonn nach Berlin verlegt wurde, da sollte auch ein Stück dieser rheinischen Offenheit in das karge Berlin mitgenommen werden, ein Stück der gebogenen Linie als Ergänzung des preußisch Geraden. »Man muß och jönne könne« – diese Haltung sollte nun auch an der Spree vertreten sein, mitten in Berlin, direkt am Wasser, wie es sich für den Rheinländer gehört. Und im Zentrum sollte sie gelegen sein, eben eine »Ständige Vertretung«, wie es sie in der Vergangenheit schon einmal – in politisch gebotener Verrenkung – in der Hannoverschen Straße gegeben hatte. Nur jetzt ganz anders. Zwar weiterhin politisch, aber unverkrampft, heiter, offen, fröhlich, eine Stätte der Begegnung ohne Arg. Und vor allem unabhängig, nicht weisungsgebunden am Kanzleramt aufgehängt, sondern eine freie Stätte freier Geister, freischwebend in der aufgeregten Berliner Wirklichkeit. Kurzum: Die »Ständige Vertretung« des Rheinlands in Berlin. Ein Wittlicher hatte die Idee dazu. Wittlich liegt in der Eifel ganz hinten, wo es karg ist wie nirgendwo sonst in Deutschland. Aber nahe genug zur Mosel, nicht weit von Trier. Dieser Mann aus Wittlich kam in seinen Studentenjahren wie Karl Marx nach Bonn, mußte aber nicht wie dieser wegen ruhestörenden Lärms und Trunkenheit im Karzer sitzen, sondern durfte auch noch in Berlin an der Freien Universität studieren. Ein rheinisches Kind war er geworden, mit einem Fuß in Berlin – und politisch dazu und dem fröhlichen Zechen keineswegs abgeneigt. Drautzburg heißt er, was so viel wie ›trutzige Burg‹ bedeutet, und Friedel ist sein Vorname, was einschließlich der zweiten germanischen Lautverschiebung ›Trotz‹, ›Burg‹ und ›Frieden‹ vereint.

Das sind die Elemente, die sich verbinden müssen für eine »Ständige Vertretung« des Rheinischen in Berlin, für eine Verbindung von Lebensfreude und Politik, von Genuß und Heiterkeit, von fröhlichem Zechen ohne Kater. Der Rest ist bekannt: Nirgendwo sonst in Deutschland fließt aus einem einzigen Hahn so viel des obergärigen Kölsch wie in der »StäV«, nirgendwo sonst hat sich Berliner Schnoddrigkeit mit der rheinischen Gelassenheit so ideal verbunden wie in den Mehrfachreihen vor der Theke dieser »Einrichtung« am Schiffbauerdamm. Auch dies ist schließlich ein Import vom Rhein. Und nicht der schlechteste!

Rolf Eden

Erfolgsgeheimnis:
»Bonn in Berlin«

Eine kleine Bahnhofshalle, in der es flirrt – viele Menschen, viele Blicke, viele Späße und den Berliner »Rhein« direkt vor der Tür. Gar keine schlechte Idee! Was die beiden rheinländischen Gastronomen da auf die Beine gestellt haben, kann dem Berliner schon einen Beifallspfiff entlocken. Die Marktlücke der Bonner Lebenskultur, die der Regierungsumzug mit sich brachte, wurde erkannt und entwickelte sich zum Goldesel »StäV«. Drautzburg & Co. haben den Bonnern quasi in den Mund gelegt, daß sie im neuen Berlin ein »Zuhause« bräuchten. Damit hat man sie mitten ins Herz getroffen. Die geniale Idee für die »StäV« heißt: »Wir machen Bonn in Berlin«. Gesucht und gefunden wurde dafür eine wirklich phantastische Location. Ein Altbau mit Stil, Würde und Charme, wie es ihn nicht in Bonn gibt, sondern nur in Berlin. Das Ganze in einem Viertel gelegen, das durch seine Geschichte (Das Vergnügungsviertel in den zwanziger Jahren!) positiv ›vorbelastet‹ und zugleich höchst romantisch ist. Was für ein Glücksgriff – ein Fluß mit vorbeifahrenden Schiffen, der in jedem Bonner sofort heimatliche Assoziationen zum Rhein erwachen läßt, direkt vor der Tür! Auch der Koloß des Bahnhofs vis-à-vis kann den Besucher ins rheinländische Bonn zurückversetzen, und den Bonner Bahnhof sehnsuchtsvoll grüßen lassen. Nach einer kleinen Aufwärm- und Warmlaufphase der »StäV« zwischen 1997 und 1998 kamen die Bonner dann endlich in unsere Stadt. Als sie in Berlin eintrafen, erwartete sie bereits ein Stück Heimat, eine gesellige und gut beheizte Wohnzimmerstube, ganz auf ihre Wünsche und Bedürfnisse ausgerichtet, für 30.000 bis 50.000 Bonner, natürlich in der Dimension einer Bahnhofshalle. Das ganze mitten im Regierungsviertel, also für jeden Einzelnen gleich um die Ecke. Es war klar, daß dieser Pfeil genau ins Schwarze treffen mußte.

Das Inventar der Wohnzimmerstube erinnert Stück für Stück an die guten alten Bonner Zeiten. Historische Dokumente treffen auf Kitsch, und so ergibt sich eine interessante Mischung. Der Bonner fühlt sich gut aufgehoben und zuhause. Zudem trifft er auf seinesgleichen, und viele Stehtische laden dazu ein, seine gewohnten allabendlichen Kölschtreffs hier in Berlin fortzusetzen. In der »StäV« atmet der Bonner seine Heimatstadt mit dem Bier und den anderen rheinischen Genüssen ein. Genußvoll ist auch das Essen in der »StäV«: »Himmel und Erde« (›Himmel un Ääd‹) – das Bonner Nationalgericht, aber auch der Bonner Sauerbraten und die

Rolf Eden, Georg Gafron und Thomas Börold in der »StäV«

Bonner Reibekuchen sind eine Delikatesse. Neben den Bonnern entdeckten und eroberten die Berliner alsbald das Lokal. Der Berliner ist neugierig und offen, und wenn ihm etwas gut gefällt, ist er schnell dabei. Die Bonner Wirte am Schiffbauerdamm trafen auch die Berliner mitten ins Herz und in die Berliner Schnauze – nur aus einem etwas anderen Grund: Die »StäV« entwickelte sich zu einer einzigartigen Ost-West-Begegnungsstätte, denn als das Lokal 1997 eröffnete,

Viele West-Berliner waren damals noch nie im ehemaligen Ostteil der Stadt gewesen. Doch in die »Ständige Vertretung« kam man dann schon mal, um sich zu »beschnuppern«. Das Lokal als neutraler Ort übernahm die symbolische Funktion einer Clearingstelle und eines Katalysators im Einigungsprozeß. Hier traf Bonn auf Berlin, Berlin traf auf Bonn, Ost traf auf West und West auf Ost. Durch das Zusammentreffen am Schiffbauerdamm begann dann die ganze Fragerei, und

Versöhnliche gelegt, zwischen Ost und West aber auch zwischen Bonn und Berlin. Ich selbst kam 1997 das erste Mal in die »StäV« – mit einer »Ost-Berlinerin«. Sie wohnte um die Ecke und berichtete mir des öfteren von dem neuen Treffpunkt, der auf dem besten Weg sei, eine Institution zu werden. Eines Tages wollte ich mich dann gern einmal umschauen in dem neuen Lokal, von dem schon so viele sprachen, und ich stattete der »StäV« einen ersten Besuch ab. Ich war begeistert! Die Atmosphäre war sehr lebendig, es lag viel Unbeschwerliches und Fröhliches in der Luft, und ich war fasziniert von der räumlichen Dimension des Lokals. Der Laden war gut gefüllt – und auch daran erkennt man die Philosophie von Drautzburg & Co.: Man kann zehn Mark mit einem oder mit drei Getränken umsetzen. Wenn man es mit drei Getränken umsetzt, garantiert dies einen vollen Laden, denn es sind auch drei Stühle besetzt. Und etwas besseres als ein volles Lokal kann einem gar nicht passieren. Ein voller Laden ist der größte Werbeeffekt, den es gibt. Irgendwann erübrigen sich teure Werbemaßnahmen, denn die Gäste sind einfach da. Man braucht nichts mehr zu tun. Bei meinem ersten Besuch in der »StäV« habe ich Friedel Drautzburg dann ein echtes Kompliment gemacht. Auch heute noch kehre ich gern am Schiffbauerdamm Nr. 8 ein. Neben den Bonnern und Berlinern, vielleicht auch einigen Touristen, trifft man zahlreiche Promis in der »Ständigen Vertretung«. Bundeskanzler Gerhard Schröder, Johannes Rau, Hans Eichel, Werner Müller, Klaus Wowereit oder auch Dominique Horwitz und Angela Winkler gehören zu den Gästen.

Das Schöne daran ist, daß die Bodyguards bei diesen Besuchen das Lokal auch schon ganz ordentlich füllen. Die »StäV« ist der inoffizielle Treffpunkt der deutschen Politiker und Prominenten – eine Begegnungsstätte und Ideenschmiede mit Zündstoff zwischen Ost und West. Natürlich sind auch die Journalisten da. Wie sollte es auch anders sein, wo das Bundespresseamt doch nur dreihundert Meter entfernt liegt und die Geburtsstätte und Hochburg des Karnevals in Berlin allabendlich »Spaßbotschaften«, einen hohen Flirtfaktor und ein gesprächiges Publikum verspricht. Apropos »Karneval«: Drautzburg & Co. haben nicht nur die Bonner Wohnzimmerstube, das Kölsch, die rheinischen Nationalgerichte und eine florierende Gesprächskultur zwischen Ost und West, sondern auch den Bonner Karneval mit nach Berlin gebracht und ihm ein neues »Zuhause« gegeben. Nach einigen Anlaufschwierigkeiten wurde 2001 schon ganz ordentlich gefeiert, und man kann noch auf so manches Spektakel vom Schiffbauerdamm gespannt sein. Wie wäre es mit der »Spree in Flammen« – direkt vor der Tür –, eine eigene Schiffsanlegestelle inklusive?

Heimatkunde

Die »StäV« ist die eigentliche Heimat der Berliner aus dem Rheinland. Es bleibt selten bei einem Kölsch, und auch echte Oberhessen werden auf ihrem nächtlichen Nachhauseweg zu dem einen oder anderen Absacker noch gerne gesehen.

Dr. Hermann Otto Solms, Vizepräsident des Deutschen Bundestages

Das Bonn-Gefühl: Hermann Otto Solms in der »StäV«

Konrad Beikircher

Das rheinische Grundgesetz

Es gibt Fragen, die lassen etwas erst dadurch zum Problem werden, indem man sie stellt. »Wer ist der junge Mann in meinem Führerschein?« ist ein Klassiker dieses Genres, ebenso wie: »Darf man Pickel nicht ausdrücken, nur weil sie Ministerpräsident geworden sind?« Seit Helmut Kohl einen Versprecher im Bundestag zum Motiv all seines politischen Tuns erhoben hat (»Die Wirklichkeit, meine Damen und Herren, stellt sich oft ganz anders dar als die Realität«), wissen wir es besser: Jawohl, meine Damen und Herren! Die Wirklichkeit stellt sich tatsächlich oft ganz anders dar als die Realität. Berlin ist natürlich nicht pleite, die Love Parade wird nicht umziehen, und das Rheinland ist keine Region sondern ein Zustand.
Hätten sich Friedel Drautzburg und Harald Grunert vor dem Kofferpacken in Bonn Fragen gestellt, wären sie in Kessenich geblieben. Zu unrealistisch wäre ihnen ein wirkliches Leben in Berlin vorgekommen. Vertrauend jedoch auf das rheinische Grundgesetz, ausgehend von der Tatsache, daß die Berliner Wirklichkeit ganz anders sein muß als ihre Realität, und wissend, daß man beiden – der Wirklichkeit UND der Realität – manchmal etwas unter die Arme greifen muß, um sie zur Tatsächlichkeit werden zu lassen, sind sie nach Berlin gegangen, um dort die »Ständige Vertretung« zu gründen, Anlaufstelle für Versprengte, Hoffnungsbrunnen für Aufgeschlossene, Gral für Obergärige. Friedel als Meister des Tages, Harald als Maître der Nacht, beide als Delegierte des rheinischen Missionswerkes haben in Berlin die erste rheinische Niederlassung geschaffen – Exoten im obergärigen Niemandsland quasi – und haben damit eine zu lange schmerzhaft klaffende Lücke geschlossen. Wurde doch Berlin vom Rhein aus (gut, vom Niederrhein aus, aber in der Not steht eben auch der Rheinländer zusammen) gegründet. Einer Stadt, die schon bei der Gründung ihre rheinische Zukunft vergessen hatte, diese zurückzugeben, ist das größte Verdienst der beiden Herren aus Bonn. Wenn es jetzt noch gelingt, auch die preußisch-wirren politischen Verhältnisse Berlins am rheinischen Grundgesetz auszurichten (und daran hat, wer die beiden kennt, keinen Zweifel), kann diese Stadt, die anfürsich zu schön ist, um nur an der Spree zu liegen, einer großen Zeit entgegenschauen. Und so lauten die Artikel:

Artikel 1
Et es wie et es

Artikel 2
Et kütt wie't kütt

Artikel 3
Et hätt noch immer jot jejangen

Artikel 4
Wat fott es, es fott
(rheinisches Denkmalschutzgesetz)

Artikel 5
Wat soll de Quatsch

Und, als Antwort auf
Klaus Wowereit:

Artikel 6
Wer weiß, wofür et jot es!

Dann wird in Berlin alles wieder schön,
und das ist gut so!

Friedel Drautzburg

Gaffeln, Kölsch & Gaffel-Kölsch

Als Bill Clinton auf dem Weltwirtschaftsgipfel in Köln im Jahre 2000 ausrief: »Ich bin ein Kölsch!«, hat er sich erfrischend amerikanisch verhalten. Er hat sich selbst gelobt. Er lernte Kölsch kennen und fand es »great!« – Kölsch als etwas Großartiges. Überrascht soll Mr. Clinton gewesen sein, als man ihm erklärte, daß es sich um eine kleine, aber sehr erfolgreiche regionale Biersorte handelt, die als solche sogar EU-weit in Brüssel geschützt ist.

Aber der Reihe nach: Bier wird nachweislich seit 6000 Jahren und in Köln urkundlich belegt seit 1170 gebraut. Noch 1861 gab es in Köln hundertdreiundzwanzig Brauereien. Allein im Eigelstein-Viertel, wo die Gaffel-Brauerei ihr Kölsch braut, existierten 1908 noch vierundvierzig Braustätten. In jenem Jahr übernahm die Familie Becker die Brauerei, die heute von den Gebrüdern Heinrich & Johannes Becker in der vierten Generation geführt wird. Das Viertel ist seit frühmittelalterlicher Zeit von Kölns Studenten – die Unigründung wird auf 1388 datiert, und Köln war zu dieser Zeit die bevölkerungsreichste Stadt Europas – bewohnt. Die studentischen Bünde, die Bursen und Convente, residierten vornehmlich hier, und heute noch ist dieses Stadtgebiet eines der typischsten und urkölschesten. Zeitweise lag am Eigelstein eine Brauerei neben der anderen. Man muß sie sich als Hausbrauereien vorstellen, die nur für den eigenen Bedarf ihr Bier herstellten. Als nachweislich ältestes Brauhaus ist in Köln »Zum Leysten« 1302 urkundlich erwähnt, der heutige Eigelstein 41 – wo eben Gaffel-Kölsch gebraut wird. Gaffel-Kölsch sorgt heute noch für den typischen Hopfen- und Malzgeruch, der seit Jahrhunderten über diesem Viertel liegt. Die beherzt und modern operierende Brauer-Familie Becker nannte sie 1908 »In der Gaffel«. Die Beckers betrieben im Kölner Umland einen Landhandel, in Dormagen eine Brauerei, ein Sägewerk, eine Ziegelei. Auch mit Kohle handelte sie. Geschäftstüchtig eben. Der neu erworbene Kölner Brauhausbetrieb entwickelte sich rasch zu einem beliebten Treffpunkt der gutbürgerlichen Kreise des umliegenden Wohngebietes. Die Familie Becker legte großen Wert auf Traditionspflege: Die Fassade wurde als altes Zunfthaus renoviert (1929), die Einrichtung bestand aus Verweisen auf vaterstädtische Motive, und an die Speisen- und Kölsch-Qualität wurden ungewöhnlich hohe Maßstäbe gelegt. Der gute Ruf des Ausschanks reichte inzwischen weit über Kölns Grenzen hinaus. Schon damals lautete die Firmen-Philosophie: »Höchste Qualität im passenden Rahmen.« Sie gilt unverändert für die heutigen Eigner und Mitarbeiter. Modernste Anlagen und Maschinen wurden angeschafft. Neueste Herstellungs- und auch Expansionsmethoden machte man sich schon kurz nach dem Ersten Weltkrieg zunutze. Das strenge Traditionsbewußtsein stand dem nicht entgegen.

Wie kamen die Beckers auf den Namen? Als zweizinkiger Spieß wurde die Gaffel (Gabel) im 13. Jahrhundert aus Italien als modernes Eßbesteck eingeführt. Im Laufe der Zeit wurde sie Namensgeber der Tischgemeinschaften, wenn Handwerker-Zünfte zusammensaßen und die Geschicke der Stadt Köln leiteten. Das zünftige »Arbeitsessen«. Jedes anerkannte Handwerk bildete eine Gaffel. Die Brauer-Gaffel war eine der mächtigsten und reichsten. Im Jahre 1396, nach hartem und zähem Ringen, vor allem mit den bis dato allmächtigen Patriziern – stinkreichen Kaufmannsfamilien – erstritten sich die zweiundzwanzig Kölner Gaffeln das Recht auf kommunale Mitbestimmung. Den Klerus hatte man sich schon in der legendären Schlacht bei Worringen 1288 vom Hals geschafft und die Herrschaften um die Erzbischöfe entmachtet. Am 18. Juni 1396 gingen die Gaffeln auf die Straße, nachdem man ihnen das Tagen in den Wirtshäusern untersagen wollte. Am 14. September kam es zur feierlichen Unterzeichnung des berühmten »Verbundbriefs« als Grundstein der ersten deutschen demokratischen Stadtverfassung. Sie räumte den gewerblichen Korporationen weitgehende politische Rechte ein. Erst die französische Besatzung des Rheinlandes schmälerte vorübergehend den Ruf Kölns als einer besonders freien Reichsstadt. »In Köln frei und selbst bestimmen«, so lautete einer der grundlegenden Artikel im »Verbundbrief«. Wer sich näher und eingehender mit der Geschichte Kölns auseinandersetzt, wird diesen Geist der Unabhängigkeit durchgehend bis in die jüngste Vergangenheit finden, verbunden mit einer ausgeprägt starken städtischen Korporationsmentalität. Denn nach dem Zweiten Weltkrieg war das Brau-Gewerbe – wie so vieles – in Köln fast vollständig zerstört. Im Zuge des Wiederaufbaus machten von außerhalb kommende Biersorten den Kölner Brauern, die traditionsgemäß vorwiegend ihr ganz spezielles regionales, fast kommunales und obergäriges Bier brauten, allmählich wirtschaftliche Probleme. Die ersten Brauerei-Schließungen fanden statt. Aber eine Idee hatte lange Zeit die Kölner Brauer fasziniert, zerstritten, wieder zusammengerauft. Das Unglaubliche fand statt: eine wirtschaftlich wirklich weitsichtige Maßnahme unter dem erklärten Motto »Kölsch es Kölsch un muß Kölsch blieve!« wurde nach sehr sehr langer Klüngelei bis hin zu »Geheimkontakten« zur Kommission in Brüssel in der genialen »Kölsch-Konvention« von 1986 abgeschlossen. Vierundzwanzig Kölsch-Brauereien beschlossen in sechzehn Paragraphen, wer wo und wie Kölsch brauen darf. Sie sicherten sich dieses Recht in Deutschland als eingetragenes Warenzeichen. EU-weit ließen sie es 1997 als europäisches Regionalprodukt in Brüssel markenrechtlich sichern. Kölsch geschützt wie Champagner, Cognac oder Parmesan! Ein Marktsegment nur für Köln war geboren und gesichert. Natürlich hatte der damalige Oberbürgermeister Kölns, Norbert Burger, wie es sich für ein gutes rheinisches Stadt-Oberhaupt gehört, seine Hände im Spiel.

Und das ist Kölsch:

– hell, nach dem Reinheitsgebot (selbstverständlich!) in Köln oder im genau festgelegten Umland gebraut,
– hopfenbetont feinherb,
– blank (filtriert),
– obergärig (fruchtig und besonders bekömmlich),
– vollbierig (bis zu 14 % Stammwürze),
– gesund (Mineralstoff-, Vitamin- und Östrogenreich).

Man sagt, die Urologen verschrieben Kölsch, wenn die Nieren kränkeln ... Die »Welt am Sonntag« klotzte am 18. Mai 1997 mit der Überschrift: »Forscher bestätigen: Wer Kölsch trinkt, lebt gesund!«

Unter allen Kölsch-Marken bewerten Detlef Rick und Janus Fröhlich in ihrem bekannten Kölsch-Führer das Gaffel-Kölsch als »eines der fein-herbsten und würzigsten«. Der Werbe-Slogan »Revolution der Frische« wie auch das Firmen-Logo mit den blauen wehenden Gaffel-Fahnen nehmen auf den mittelalterlichen Gaffel-Aufstand Bezug. Typisch für die Symbiose von Traditionsbewußtsein und moderner Marktorientierung der Gaffel-Brauerei: Jedes Jahr kommt pünktlich zum 14. September das besonders hopfenbetonte Stadtjubiläums-Kölsch in die Fässer, allerdings nur für ganz kurze Zeit. Der Hektoliterausstoß der Gaffel-Brauerei steigt, entgegen dem allgemeinen deutschen Biertrend, stetig. In der Gastronomie – vor allem in der gehobenen – ist Gaffel die Marke Nummer 1. Dem hohen Image- und Qualitätsanspruch gerecht werdend, steht an einem der traditionsreichsten Plätze Kölns, am Alter Markt – die Kölner sprechen seit dem Hochmittelalter dort vom »Joldene Böddemche« (Goldenem Boden) – das gastronomische Flaggschiff der Brauerei, das Gaffel-Haus. Bereits seit 1215 in alten Kölner Kataster-Urkunden erwähnt, zählt der Gaffel-Brauerei-Ausschank am Alter Markt zu einer »Institution, auf welche die Kölner stolz sein können« (Franz Mathar). In der Faßbierherstellung gehört Gaffel zu den ersten Zehn in Deutschland. Das spricht für erfolgreiches Management.

Die Geschichte, wie Gaffel nach Berlin kam, ist dafür ebenso ein Beweis wie der Schritt auf Hamburger Boden. »Politik gehört nicht an die Theke« – eine früher oft zitierte Kneipen-Redewendung – ist in Berlin ins Gegenteil verkehrt worden: die »Ständige Vertretung« als Gastronomie-Konzept, das bekanntlich im Zuge des Regierungsumzuges von Bonn nach Berlin als »politische« oder politikbegleitende Gastronomie bezeichnet wird und das die »Bonner Republik«, den Kampf um die Hauptstadt, den Regierungsumzug, den Ost-West-Gegensatz im »Kalten Krieg«, Berlin als geteilte Stadt und gleichzeitig das regional-typische des »Rheinischen« mit allem, was man sich darunter vorstellt oder verstehen möchte, als Hintergrundfolie benutzt, konnte nur mit der engagierten

Lokalverschiebung
Wo »StäV« es, es Kölle!

De Höhner, Kölner Kultband

Unterstützung eines starken, geradezu mutigen Partners aus dem Kölsch-Markt verwirklicht werden. Denn zur »StäV«- Philosophie gehört das Kölsch, und zwar ziemlich exclusiv. Daß dieser geschäftliche Ansatz für die Betreiber des Lokals risikoreich war, versteht sich. Vom Selbstverständnis der Brauerei – traditionsbewußt, aber innovativ – modern und vorausschauend – kam Gaffel als geradezu natürlicher Partner in Betracht. Die Idee, nach dem Umzug so vieler Rheinländer nach Berlin dort Kölsch zu verkaufen – von den meisten, auch Brauerei-Marketing-Fachleuten als Lachnummer abgetan – traf beim Gaffel-Management auf offene Ohren: zuhören, ernst nehmen, informieren, abwägen, entscheiden – das waren die typischen Schritte, die zum bisher entfernungsmäßig gewagtesten Engagement der Brauerei in ein Gastro-Objekt führten. Der Erfolg ist bekannt: seit der Jahrtausendwende ist die »Ständige Vertretung« das umsatzstärkste Lokal der Gaffel-Brauerei. Im tiefsten Preußen! Immerhin weit über 3000 Lokale führen Gaffel-Kölsch ... In Hamburg ist die dortige »StäV« heute schon ähnlich erfolgreich.

Natürlich ist in Berlin ein Kölsch-Ausschank nicht in allen Einzelheiten dem einheimischen in Köln vergleichbar. Das hieße ja auch, aus den Berlinern Kölner zu machen. Aber der

Kölsch-Knigge

setzt sich auch an der Spree langsam, doch zunehmend durch. Das leicht ironische Lächeln über die »Reagenzgläser« läßt nach. Der Genuß, den ein frisches, kühles, schnell serviertes Kölsch bereitet, macht naturgemäß mehr Freude als ein warm werdendes und langsam abstehendes Großgefäß-Bier. Aber noch kann der Kellner, der nur von den Rheinländern in Berlin »Köbes« genannt wird, nicht mit dem »Kranz« – einem praktischen Tablett mit Tragegriff – »auf Verdacht« durch die Reihen gehen und jedes herumstehende leere Glas durch ein volles ersetzen, wie das in Köln nicht nur üblich, sondern unbedingt vom Gast vorausgesetzt wird. Das führt doch gelegentlich noch zu langwierigen Diskussionen, die auch schon einmal gipfeln können in der Versicherung, gar nichts mehr bestellt zu haben und die Zahlung verweigern zu wollen.

Ben Kingsley am »Pittermännche«

In Berlin wird also noch jedes einzelne Kölsch bestellt. Aber die Kölsch-Trinksitte, den Deckel aufs leere Glas zu legen, um zu signalisieren: »jenooch!« greift bei Stammgästen von der Spree und solchen, die es werden wollen, allmählich um sich. Das gilt auch für den Deckel als Urkunde, auf dem nur der Kellner oder »Zappes« Striche machen dürfen. Selbst anzuschreiben, gar zu rubbeln oder zu korrigieren, ist tabu bis ehrenrührig. Wer eine Zwischenrechnung verlangt, gilt leicht als »Kniestebüggel«, als Geizkragen. »Der Deckel gehört zu den kulturell wichtigen Gegenständen in einer Kölsch-Kneipe« (Rick/Fröhlich). Der Gast soll den Überblick behalten. Vier Striche senkrecht und einer quer, also fünf »Stangen« Kölsch heißen »Pözjer« – in Anlehnung an ein Lattenzaun-Türchen.

A propos Stange: die schon zitierte »Kölsch-Konvention« überläßt natürlich nichts dem Zufall oder der willkürlichen Eigeninitiative einer einzelnen Brauerei oder Kneipe. In § 3, Absatz 5 ist genau geregelt, daß nur in eine hohe, zylindrische und schlanke »Stange« mit kleinem Durchmesser Kölsch gezapft werden darf. Den eingeweihten Kölschtrinker, heute würde man da Profi sagen, erkennt man übrigens unter anderem daran, daß er niemals mit dem Rand eines Kölschglases, also da, wo der Schaum steht, anstoßen wird, sondern immer nur mit dem Glasboden ... Hört man den Wunsch nach einem »Stößchen«, dann weiß man, daß man einen Kölsch-Fanatiker vor sich hat. Müssen Köbes, Zappes und Wirt ohnehin schon schnell sein beim Servieren der kleinen Kölsch-Stangen, so können Stößchen-Trinker einen wahrlich auf Trapp halten. Diese o,1-Liter-Gläser, die eigentlich nur einen kräftigen Schluck fassen, sind aber beileibe nichts für Sparsame, wie man meinen könnte. Im Gegenteil: wer unbedingt ein absolut frisch gezapftes und makellos kühles Mini-Kölsch oder auch ein »Hochgezapftes« trinken will, muß nämlich den vollen Preis zahlen, obwohl er nur die Hälfte der Ware, eigentlich nur einen kräftigen Schluck bekommt. Der Name soll von der Sitte herrühren, daß nach dem Ausrufen der Sperrstunde durch den Wirt die treuen Thekengäste auf ihren Kölsch-Rest im Glas noch ein Stößchen aus dem Bierhahn bekamen, bevor dieser abgedreht wurde.

Vom Pitter

Es gibt allerdings eine Kölsch-Trink-Methode, die ohne Striche auf dem Deckel auskommt, der natürlich ein wichtiges Werbemittel darstellt, Botschaften der Brauerei oder des Lokals transportiert, sehr witzig oder graphisch ansprechend sein und zum Sammelobjekt aufsteigen kann. Wenn mehrere Gäste sich nämlich ein »Pittermännche« bestellen, das man auch nach Hause oder »auf Tour« mitnehmen kann. Dabei handelt es sich um ein kleines 1o-,15- oder 2o-Liter-Fäßchen, das nach dem früher häufigsten

*Hoch die Tassen! oder
Wie man Vorurteile abbaut*

Friedel Drautzburg gehört der höchste Berlin-Orden um den Hals gehängt. Mit seiner »StäV« – einer Provokation an sich – hat er mehr für den Geist der Hauptstadt getan als viele andere. SPD-MdB Julius Beucher hat mich als »ollen Berliner« zutiefst verachtet. In der »StäV« haben wir uns getroffen, die Vorurteile abgelegt und ordentlich einen gesoffen.

Georg Gafron, Chefredakteur B.Z.-Berlin, Geschäftsführer Programm und Kommunikation von HUNDERT,6 und TV.Berlin

Männer-Vornamen, Peter, benannt ist. Peter und Paul ist im katholischen Rheinland als Namenstag für viele früher ein Feiertag gewesen, und der »Pitter« feierte mit seinen Freunden außerhalb der Stadt am 21. Juni mit einem kleinen Fäßchen Kölsch. Gezapft wurde aus einem Messinghahn. Nicht nur Kölns Local Hero und Box-Idol Peter Müller hieß einfach »dä Pitter«. Auch jeder aus der WDR-Hörfunk-Gemeinde kennt den majestätischen Klang der schwersten Glocke auf dem Dom, dem »Dicken Pitter«. Bei ihrem majestätischen Klang treibt es Kölnern im Exil das Wasser in die Augen ... Übrigens – nur weil einige »Immis« gelegentlich entsprechend fragen: »Kölnisch Wasser« ist kein Gerstensaft ...

Jedes Kölsch-Brauhaus hat seine »Fooderkaat«,

seine Speisekarte, die auf jeden Fall einige für den kölschen Rheinländer absolut unverzichtbare Gerichte aufzählt, die aber dem Fremden beim ersten Besuch so manches Rätsel aufgeben können. Und das Verrückteste: über diese ohnehin schon rätselhaften Dinge wie »Halven Hahn«, »Himmel un Ääd« können die Einheimischen auch noch streiten wie die Kesselflicker. Darüber, daß der »Halve Hahn« kein Federvieh ist, sondern ein fingerdickes Stück von einem mittelalten holländischen Gouda, besteht ja Einigkeit. Aber schon bei der Frage, welcher Finger als Maß zu gelten hat, bricht Streit aus. Erst recht, ob die Röggelchen bereits aufgeschnitten und mit Butter bestrichen serviert werden sollen oder ob der Gast selbst eine Zeremonie daraus machen kann. Dem einen bereitet Paprikapulver auf dem Käse eine Gänsehaut, in manch einem rheinischen Kochbuch steht es mittlerweile aber doch tatsächlich so drin. Mittelscharfer Senf gehört unstrittig dazu. Wo er in Plastiktütchen daherkommt, sollte man schnell vorbeigehen. Natürlich ist es bei dem rheinischen Nationalgericht »Himmel un Ääd« nicht anders, und über die perfekte Beschaffenheit der »rischtijen Flönz« (Bloodwoosch) wird so manches Kölsch geleert.

Trink doch eene met!

In einer echten »Kölsch-Weetschaff« ist der Einsame unvorstellbar. Der Rheinländer ist nicht gern allein, schon gar nicht beim Kölsch-Trinken. Im berühmten Lied der Kult-Band »Bläck Fööß« – Millionen singen es im Karneval mit –, heißt es folgerichtig: »steh doch net esu röm, trink doch eene met, häs de ooch keen Jeld, dat es janz ejal ...« Gute Laune steckt eben an. Gute Laune vermutet man beim Rheinländer in den Genen verankert. Andererseits spricht Günter Grass im »Tagebuch einer Schnecke« vom »armen Dier«, das den Rheinländer gelegentlich überfällt, Konrad Beikircher vom »Jeföhlselend«. Richtig daran ist sicher, daß ein Kölner »dat arm Dier krischt«, wenn er nicht Karneval feiern kann. Oder darf. Darf? Wieso darf? Kann das verboten werden? Es kann versucht werden. Darüber schreibt Harald Grunert, Berliner Karnevalsprinz 2000, Näheres.

Das Gastro-Konzept »Ständige Vertretung« spielt auf fremden Boden in Berlin jedenfalls mit dem »Rheinischen Gefühl«, das in der Lebens- und Genußfreude, dem Lachen, der Leichtigkeit des Seins, Bölls rheinischem Katholizismus, dem Genialischen von Joseph Beuys, der sprichwörtlich rheinischen Art, Ziele möglichst ohne Konflikt und Rechthaberei im Konsens zu erreichen, versteckt ist. Das Pochen auf Paragraph, Absatz, Punkt, Komma, Vorschrift, Verordnung verliert zunehmend gegen das Prinzip der »Rheinischen Lösung«, die als wohltuender innerdeutscher Kulturimport angenommen wird. Rheinisch ist in. Konrad Adenauer fing an, Willy Millowitsch im frühen Schwarz-weiß-Fernsehen, der Karneval im Pantoffelkino, die »Bläck Fööß«, »De Höhner«, »BAP«, Konrad Beikircher, Bernd Stelter, Jürgen Becker mit den »Mitternachtsspitzen«, Norbert Alisch und Rainer Pause mit ihrer »Rheinischen Republik«, die Bonner »Springmäuse«, die »Anrheiner« im WDR – sie alle bringen mit dem Sing-Sang des Dialektes eine »Haltung rüber«. Daß Kölsch in diesem Sinne mit dem gleichnamigen Bier eine treffliche Sprachgleichheit eingeht, könnte man eine typisch rheinische Schlitzohrigkeit nennen. An dieser Stelle berühren sich Rheinländer und Berliner durchaus, wenn zwar der Berliner in seinem Humor ruppiger ist und mit sich selbst schonender umgeht, während der Kölner sich manchmal gern und problemlos selbst auf den Arm nimmt. Klaus Siebenhaar, ein feingeistig-gebildeter Literaturkenner findet zwischen Berlin und Köln noch andere aufschlußreiche Gemeinsamkeiten, wenn er feststellt: »Köln und Berlin verbindet zutiefst proletarisch-bürgerliche Wurzeln, ein Bewußtsein von Kultur, das die typisch deutsche Trennung in Unterhaltungs- (= U-Kultur) und ›ernste‹ oder Hochkultur (= E-Kultur) nicht kennt. Köln und Berlin haben eine Schwäche für die ›Wonnen der Gewöhnlichkeit‹ inmitten schönster Hochkulturlandschaften. Was dem einen sein Karneval, ist dem anderen seine Love-Parade. Ungezwungen, offen, fröhlich und republikanisch-liberal geht's in beiden Städten zu.«

Links: Jacky Schwarz (M.) auf der Buletten-Party der Bild-Zeitung; Mitte: ›Himmel un Ääd‹; rechts: Preisverleihung: Das beste Buletten-Lokal Berlins

Rezepte

Bulette

Es gibt Leute, die setzen »Buletten« (Berlin) und »Frikadellcher« (Rheinland) gleich. Andere sagen, Buletten seien paniert, Frikadellen nicht. Wie auch immer: jedenfalls hat die »Bild«-Zeitung die »StäV« 1998 nach einer Leserumfrage zum besten Buletten-Lokal in Berlin erklärt.

Unsere Rezeptur lautet:
je 125 Gramm Rinder- und Schweinehack (wer will kann auch Kalbshackfleisch verwenden), je 125 Gramm Brät (fein), 2 (in Milch) eingeweichte Brötchen/Schrippen, Salz, Pfeffer, Muskat, Majoran, 50 Gramm Butter (oder Margarine), gehackte Zwiebeln, 1 Hauch Knoblauch 2 Teelöffel Senf.

Gut vermengen und in reichlich erhitztem Fett mit Schmalzzutat beidseitig braten, so daß keine zu harte und dunkle Kruste entsteht. Die »StäV« verzichtet auf Panade, die die Bulette leicht trocken erscheinen läßt.

Himmel un Ääd

Rheinisches Nationalgericht – und wie alle Nationalgerichte streitauslösend. Die Meinungen gehen wild durcheinander, ob z.B. die Äpfel und die Kartoffeln zusammen gekocht und dann gestampft, ob sie getrennt gekocht, gestampft und erst dann vermengt oder – wie in der »StäV«, deren Rezept sich auf den Bonner Küchenpapst »Roggi« Roggendorf beruft – getrennt gekocht, gestampft und serviert werden. Andere reden auch noch von der Leberwurst – wir nicht:

Geschälte und geviertelte Kartoffeln (mehlige Sorte!) gar kochen, zu Mus stampfen, mit Milch, Sahne, Salz, Pfeffer und Muskat schaumig verrühren, Äpfel mit Schalen kochen (zuvor Gehäuse entfernen), nur grob stampfen und einige kleine Stücke ungestampft später dazu geben, mit Zitrone, Zimt, Zucker und Nelken abschmecken, Blutwurst halbieren und in Schmalz, Butter oder Bratfett kurz (2-3 Minuten) braten, Zwiebelringe (Zwiebeln mit Geschmack!) goldgelb andünsten (nicht schwarz verbrennen!), getrennt anrichten, Zwiebelringe über die Blutwurst geben und mit etwas Fett aus der Pfanne im Püreegrübchen servieren.

Himmel un Ääd ist einfach in der Zubereitung, gelingt jedoch nur, wenn gute Zutaten richtig behandelt werden. Entscheidend ist die »Flönz« (Blutwurst), die sich in Berlin nur selten, im Rheinland dagegen meistens eignet. Sie sollte mit Piment und Muskatblüte abgeschmeckt sein.

Tissy Bruns

Nur wer die Sehnsucht kennt ...
weiß, was ich im Berliner Winter leide – ein Bekenntnis

Es ist Februar, ich hasse Berlin. Unfreiwillig verrät die Stadt Geheimnisse, über die verständige Menschen bisher vergeblich gegrübelt haben. Warum gibt es hier in der ersten Februarhälfte, so kurz nach Weihnachten, zwei Wochen Schulferien? Schlachtenerprobte Kenner des Berliner Schulwesens erinnern sich, daß nach 1989 über diese Ferien heftig gestritten wurde, denn für Schüler sind sie sinnlos. Es blieb trotzdem bei der alten Regelung aus der DDR, die vermutlich ihre Schulen schließen mußten, um Energie zu sparen. Heute kennt niemand mehr einen rationalen Grund. Aber es gibt einen heimlichen, unbewußten: Alle wollen weg. Heraus aus der Stadt, die anstrengt, weil der Winter einfach nicht aufhören will. In diesem Februar vermehren sich auf seltsame Weise wieder die Geschichten über die ruppigen Taxifahrer, die fast schon vergessenen Neuberliner Bosheiten über die Eingesessenen und die Kränkungen der Eingesessenen über die Neuen. Alle wollen weg, doch viele können gar nicht. Das neue Berlin, das der Politiker, ist garstig genug, den Unbilden des Großstadtwinters auf Herrschaftsart zu begegnen.

Sie läßt übrigens gerade daran ihre Anpassungsleistung an die Berliner Mentalität erkennen: bloß keine falschen Rücksichtnahmen. Die beiden Ferienwochen waren in diesem Jahr deshalb Sitzungswochen des Parlaments. Das hält nicht nur die Abgeordneten in der Stadt fest, deren Kinder in den meisten Fällen andere Ferien haben. Sondern auch die einschlägigen Lobbyisten, die Medienleute und zahllose Angestellte der Politik-Maschinerie. Und nach den Sitzungswochen? Berlin ist verlassen von der Politik. Dienstreisen führen den Bundestagspräsidenten, den Kanzler, Minister und Abgeordnete in entlegene Kontinente, in Länder mit südlicher Lebenssüße und brennend heißem Wüstensand oder wenigstens in deutsche Gefilde mit Karneval. Wir Berliner Normalos sitzen fest. Wir sehnen uns so heftig weg, daß wir verzweifelt und vergeblich versuchen, Rio und Köln Unter den Linden zu simulieren. Es schneit. Grau macht grausen.
Neuberliner ertappen sich in diesen Tagen bei seltsamen Tätigkeiten. Die Aufrichtigen machen sich kleine Geständnisse: Ach, war es nicht herrlich. Denn wir sehen, was wir früher nie gemacht haben, in abendlicher Erschöpfung heimlich Karnevalssendungen im Fernsehen, von Veranstaltungen, in die wir keinen Fuß gesetzt hätten.

Berlin im Februar 2001 schafft viele neue Rheinländer, nachträgliche, die in Bonn immer nur Zugereiste waren. Wer hätte in seinen rheinischen Jahren je geahnt, welche Entbehrung es sein kann, den Karnevalsschlager der Saison nicht zu kennen? Wie wärmt es das Herz, wenn man die diesjährige Weisheit aus Köln endlich erfahren hat: Dicke Mädchen tragen schönen Namen, sie heißen Tosca, Rosa oder Carmen. In großem Auftrieb strömt Berlin den ganzen Winter über zu Bällen, Eröffnungen, Festen, Jubiläen. Ganz Berlin ist eine Party, wenn man Ariane Sommer und Udo Waltz glaubt, den Kronzeugen des neuen Glamours. Wer tatsächlich hingeht, erlebt bei fast allen Veranstaltungen den immer gleichen Grundstrom von Leuten, die Unpünktlichkeit für ein Vorrecht der Wichtigen halten, eine Spur zu laut sind und alles mögliche, aber nicht verweilen können. Preußische Tugenden? Hier kann man besichtigen, warum allenfalls noch die weit entfernten Japaner daran glauben. Berlins Mitte dehnt sich in diesem Winter aus, per Beschluß. Der neue Bezirk beherbergt nun stolz das größte Sozialamt von ganz Europa. Ist wirklich eine innere Mitte da, wo so viel Mitte an die Tür geschrieben werden muß? Ach, seufzt ein Freund, in Berlin kann man nicht sagen: Ich fahr' jetzt in die Stadt.

Wer im Februar zu beiden Seiten der »Linden« durch die Straßen eilt, der denkt im Angesicht von Baustellen, Zerfall und neuer Pracht an Schinkels Stoßseufzer: »Ich sehe keinen Ausweg aus diesem Labyrinth.« Der alte Baumeister hatte ein anderes Berlin vor Augen. Ein Berlin, das er mit seinen Ideen so überformt hat, wie jede Architekten-Generation nach ihm alle dreißig, vierzig Jahre versucht hat, Berlin neu zu erfinden: keine Mitte, kein Kontinuum. Heidnische Stadt, hat Konrad Adenauer nach dem Krieg einmal gesagt. Er mochte Berlin als Kölner Oberbürgermeister ganz gern, und er genoß seine gelegentlichen Ausflüge aus der Welt der rheinischen Honoratioren. Ganz Unrecht hatte der Alte mit seiner bösen Bemerkung nicht. Es ist schwer zu erklären, warum Berlin Ende Februar so unerträglich ist. In München, Stuttgart oder Köln ist der Winter auch zu lang, das Wetter mies, die Sehnsucht nach Wärme, Licht und Krokussen groß.

Doch keine Stadt läßt ihre Bewohner damit so hoffnungslos allein. Wissen Sie, sagt ein zugezogener Katholik aus Bayern, ich lebe gern mit dem Kirchenjahr. Und die kirchenferne Protestantin, geboren in Sachsen-Anhalt, aufgewachsen in Norddeutschland, erkennt im Nachinein, wie sehr die Tradition dem Leben Form und Wärme und Mitte gegeben hat. Berlin kennt kein Ritual, das wie der Karneval über das endlose Ende der dunklen Jahreszeit hinwegtrösten könnte,

Martina I., Gerhard Schröder, Harald I. (v.l.)

Karnevalswagen der »StäV«

so wie es keines kennt, das den Anfang des Winters erleichtert. Der November muß ja nicht unbedingt mit einem Feiertag beginnen, den sich die lebensklugen Katholiken mit Allerheiligen erfunden haben. Aber die Martinsgans und erst recht die Martinsumzüge, die im Rheinland ganze Stadtviertel in ein sanftes Winterlicht tauchen, das von Nächstenliebe erzählt – sie geben etwas anderes als die vielen Bälle, mit den Berlin in den Winter startet und die der Berliner doch nur aus der Zeitung kennt.

Ein Lichtblick, daß die nächsten Berliner Weihnachtsferien endlich zwei ganze Wochen dauern – nicht nur die knappe Zeit zwischen den Jahren, die nicht einmal reicht, um mit den neuen Puppen, Legos, Autos einmal bis zur Erschöpfungsgrenze zu spielen und sich zu trennen von Advent und Weihnacht. Ein Lichtblick zudem, daß der karnevalistische Tiefsinn in diesem Jahr auch in dieser Stadt die reine Wahrheit erzählt. Am Aschermittwoch ist alles vorbei. Jedenfalls der Februar. Danach, am ersten März, gehe ich am frühen Morgen über die Marschallbrücke, und der Himmel ist wieder weiter und höher als der über dem Rhein, strahlend blau und voller Morgenröte. Rechts der Bahnhof Friedrichstraße, links der Reichstag. Zwei Blicke, genug, um Berlin zu verstehen.

Exil für heimatlose Rheinländer

Als die StäV in Berlin ihre Pforten öffnete, war sie für ›heimatlose‹ Rheinländer ein willkommenes Exil. Inzwischen ist sie auch für viele Berliner zur ›zweiten Heimat‹ geworden. Sie bringt etwas von rheinischer Lebensfreude und Leichtigkeit des Seins in den manchmal tristen Alltag an der Spree – und das ist auch gut so!

Jürgen Merschmeier,
Medienberater, ehemaliger Pressesprecher der Regierung Kohl

Wolfgang Roeb

Karneval in BERLIN?

Ja! – den gibt's schon seit Jahrhunderten! Aber fangen wir erst beim großen Kurfürsten an, der ihn dem »gemeinen Volk« per Kabinettsorder verbot. Anderer Meinung war dagegen der Alte Fritz, der jährlich zur Eröffnung von Potsdam nach Berlin eilte. Hier nahm er dann an der Eröffnungsveranstaltung, einer großen Maskenredeoute, teil. Diese fand natürlich in einem Saal statt, woraus vielleicht erklärt werden kann, daß in Berlin zeitweise der »Saalkarneval« dominierte. Versuche, den Straßenkarneval durch Umzüge zu intensivieren, gab es in den Jahren 1876 und 1911 – leider ohne durchschlagenden Erfolg. Doch das Feiern ließen sich die Berliner trotzdem nicht verbieten oder vermiesen! Nicht unerwähnt bleiben sollte ein aus vorchristlicher Wendezeit bis heute erhaltener Brauch: Der Zampan. In Berlin erhielt sich dieser Brauch besonders in den Bezirken Stralau und Köpenick. Am Fastnachtsdienstag versammelte sich die schulentlassene Jugend – meist originell verkleidet und auch vermummt – um, angeführt von einer Musikapelle, von Haus zu Haus zu ziehen. Ulk und Spaß wurden dabei getrieben und den Dorf- und Hausbewohnern ein Ständchen gebracht. Umsonst war es zwar, aber lumpen ließen sich die Geehrten nicht und gaben den jugendlichen Musikanten Spenden – wer keine Naturalien zur Hand hatte, spendete Geld. Je größer die Spende, um so mehr Musik und Gesang wurden dargeboten. Am Ende des Umzugs traf man sich im größten Tanzlokal des Ortes. Sechzehnjährige blieben bis zum Anbruch der Dunkelheit, und ab acht Uhr abends begann ein großes Tanzvergnügen. Diese »Parallelsitte« hat sich bis zum heutigen Tag besonders noch in der Lausitz erhalten. Doch zurück zum Karneval: Berlin, schon im vorigen Jahrhundert ein Konglomerat deutscher Stämme, feierte seinen Karneval in der hergebrachten wie auch in der von den Zugewanderten bekannten Weise. Kölner und Mainzer Karneval wurden ebenso wie der Münchner Fasching mit den vorhandenen Bräuchen gemischt. Besonders nach der 1870/71 erfolgten Reichsgründung, im Zuge derer Berlin Hauptstadt wurde, vermehrte sich der Zuzug aus dem Rheinland sehr stark. Dementsprechend wurde auch der Einfluß der Zuwanderer auf die Karnevalsbräuche immer stärker. Bereits 1875 und 1894 gründeten sich Karnevalsgesellschaften wie die »Große Karnevals-Gesellschaft Klub der Rheinländer zu Berlin« und der »Verein der Rheinländer zu Berlin«. Sie veranstalteten große Karnevalssitzungen in Berlins

Harald I. in Zivil

Der StäV- Bastelbogen: Sammlerkarte Nr. 43 (Ausschneiden und ein neues Buch kaufen).

BERLINER PRINZENPAAR 99/00
HARALD I.   MARTINA I.

repräsentativsten Sälen: der Philharmonie, dem Haus Vaterland und im Hotel Esplanade. Teilweise bis zu 3.000 Besuchern präsentierten sie besten »Sitzungskarneval« vor ausverkauften Häusern. Originalbroschüren sowie die Elfenratsketten von 1894 befinden sich noch heute in unserem Besitz und wurden vom Autor dieses Beitrags als Prinz und Elfenratspräsident getragen. Im leidgeprüften Nachkriegs-Berlin war zunächst niemandem zum Feiern zumute. Doch schon bald – 1949 – erwachte die Stadt aus ihrer Lethargie. Bürger, unterstützt von Behörden, Unternehmern und Künstlern, trafen sich im Willen, der Stadt durch Frohsinn und Abwechslung neuen Lebensmut zu vermitteln. So gründete sich am 3. September 1949 die »Berliner Große Karnevalsgesellschaft«. Schirmherr war der Kreuzberger Bezirksbürgermeister Willy Kressmann. Präsident wurde der Generaldirektor der Schultheiss-Brauerei, Hans Sixtus, der auch als erster Prinz Karneval in die Annalen einging. Bereits im darauffolgenden Jahr gründeten sich dann die »Fidelen Rixdorfer«, die als Mäzen die Kindl-Brauerei gewinnen konnten. Es folgten sehr bald weitere Gesellschaften, die sich zunächst in einem »Rat« zusammenschlossen. Nach relativ kurzen Umzügen zu den Rathäusern in Kreuzberg und Neukölln starteten die beiden genannten Vereine bereits 1952 den ersten großen Umzug. »Rosensonntagszug« wurde er benannt, weil am Montag in Berlin wieder gearbeitet werden mußte. Die ca. zwölf Kilometer lange Zugstrecke begann am Funkturm und endete am Hermannplatz.

Anschließend traf man sich in der »Neuen Welt« zu Tanz und Fröhlichkeit. Berlins Polizeipräsident Dr. Johannes Sturm war Ehrensenator der BGKG und trug wesentlich zur Abwicklung der Umzüge bei. Die Bevölkerung hat an diesen Umzügen sehr regen Anteil genommen. Im Jahr 1957 wurde die Zuschauerzahl von der Presse auf etwa 800.000 geschätzt. (Aber es gab damals noch kein Fernsehen!)
Durch den Fall der Mauer und die Tatsache, daß Berlin wieder zur deutschen Hauptstadt wurde, ergaben sich vollkommen neue Perspektiven – ungefähr wie im Jahr 1871. Der 1961 gegründete Landesverband, der inzwischen auf fünfzehn Vereine angewachsen war, wurde durch die im Ostteil der Stadt ansässigen sechs Vereine verstärkt. Im Hinblick auf die weitere Entwicklung gründete sich der »Karnevalverband Berlin-Brandenburg«. Ihm gehört der in »Festkomitee Berliner Karneval« umbenannte Landesverband nun als Bezirksverband an. In ihm ist der »Karnevalszug Berlin« Mitglied, eine Neugründung durch den Zuzug aus Bonn, der in der »Ständigen Vertretung« seinen Sitz hat. Dank der Initiative von Friedel A. Drautzburg und besonders von Harald Grunert startete 2001 seit 1959 erstmals wieder ein Umzug, der ein voller Erfolg wurde. Und so möchte ich auf diesem Wege beiden Initiatoren sehr herzlich danken und mit den Worten schließen:

Zuzug aus Bonn – Ihr werdet sehen, mit ihm kann's weiter aufwärts gehen. Nur wer nicht mitmacht ist ein Tor! LACHE BERLIN – Du hast Humor!

Harald Grunert

»Wie man dem Karneval im feindlichen Ausland auf die Sprünge helfen kann«

Sagen wir mal, wir sind im Kino und sehen einen Film. Darin wird eine Werbeagentur beauftragt, in einer als ziemlich unkarnevalistisch verschrieenen Gegend des Landes für eine Gruppe Karnevalsbegeisterter eine Marketingkampagne zu starten, koste es, was es wolle. Der berühmte Chef-Kreative in der Firma, der flüssig denglich träumt, hat nach langem Grübeln, nach Sauna-Sitzungen, Brainstormings und Informationsreisen an den großen Strom des Landes, wo der Karneval zu Hause ist und eine riesige weltbekannte Unterhaltungsindustrie bedient, den Einfall seines Lebens – wie er meint. Mit Spannung erwartet die versammelte Firma seinen Vorschlag. Und der lautet: »Karneval wird hier verboten!«

Man kann eine Stecknadel fallen hören. Betretene Blicke suchen Halt auf dem Fußboden. Räuspern. Luft-durch-die-Nase-ablassen. Endlich bricht der Chef das Schweigen. Er schlägt als erstes seinem Kreativ-Guru einen längeren Erholungsurlaub vor und murmelt etwas von Burn-Out-Syndrom.

Eine andere Agentur sollte den Fall übernehmen. Deren Vordenkerin zögerte keinen Augenblick, die Idee der Konkurrenz zu verwirklichen. Sie besorgte sich eine Familie. Nennen wir unsere Filmfamilie Genie-Mann, nistete sie schräg über den politischen Informationssälen der fremden Karnevalsfreunde ein, heuerte einen Rechtsgelehrten an, gab grünes Licht für ihr Drehbuch. Genie-Manns wußten aus Erzählungen, vom Hörensagen und aus dem Heimkino wie das Treiben beim Karneval an jenem fernen Strom aussieht. Spielmannszüge lassen die Wände wackeln, Negergruppen treten halbnackt auf, trommeln und pfeifen, tanzen und singen, Uniformierte mit Holzgewehren marschieren kriegslüstern in Kompaniestärke durch die Straßen, militärische Aufzüge wechseln sich mit äußerst leicht geschürzten Weibsbildern ab. An einem Donnerstag werden den Männern Krawatten oder anderer Zierrat abgeschnitten. Das gemeine Volk steht am Straßenrand und wird juchzend mit süßen Geschossen vom mitfahrenden Zugpersonal beworfen. Das Volk jubelt, zugedröhnt von sogenannten Kamellen, die in Verbindung mit der Musik drogenähnliche Wirkung zeigen. In den politischen Räumen haken sich wildfremde Menschen – Männer und Frauen mit deformierten, meist roten Nasen – mit den Armen ein und bewegen wie auf geheime Kommandos die Oberkörper von rechts nach links. Die Gegenübersitzenden machen dies von links nach rechts. Es soll Fernsehzuschauer geben, die davon so schwindelig wurden und das, was die Moderatoren als »Schunkeln« bezeichnen, zu Hause sogar mit den eigenen Familienmitgliedern nachahmen. Dabei trinken sie alle gemeinsam – meist aus Reagenzgläsern – ein Regionalprodukt der dortigen Bierwirtschaft, das sie »Kölsch« nennen. Angeblich ist dieses Gesöff mit dem

Bezirksamt Mitte von Berlin
Abteilung Stadtentwicklung
LuV Umwelt und Natur
Bereich Umwelt

Bezirksamt Mitte von Berlin, 13341 Berlin   (Postanschrift)

Gastronomie GmbH „Ständige Vertretung"
z.H. des Geschäftsführers
Herrn Friedhelm Drautzburg
Schiffbauerdamm 8

10117 Berlin

Dienstgebäude:
Iranische Straße 3
13347 Berlin

Sprechzeiten
nach telefonischer Vereinbarung

Geschäftszeichen	Bearbeiter/in	Zimmer	Telefon	Datum
UmNat 124 z.A. **2039/01** bei Antwort bitte angeben	Frau Lamm	305	(030) 4575/5417 Intern (9919)	26.07.2001

Sehr geehrter Herr Drautzburg,

in einem gegen Sie eingeleiteten Ordnungswidrigkeitenverfahren wird Ihnen vorgeworfen, ruhestörenden Lärm verursacht bzw. zugelassen und **Ihre Aufsichtspflicht** verletzt zu haben:

Art der Ordnungswidrigkeit: Lautes Abspielen von Musik
Lautes Singen und Gröhlen

Tatort: "Ständige Vertretung", Schiffbauerdamm 8 in 10117 Berlin

Tatzeit: **Donnerstag, den 22.02.2001 von 19.00 Uhr bis Freitag, den 23.02.2001 01.00 Uhr
Sonntag, den 25.02.2001 von 16.00 Uhr bis 22.00 Uhr
Montag, den 26.02.2001 von 12.00 Uhr bis 23.00 Uhr**

Tatfolge: Unzumutbare Störung der Allgemeinheit
Unzumutbare Störung in der Ruhezeit
Unzumutbare Störung der Nachtruhe

Zuwiderhandlung nach den §§ 1 bis 4 Lärmverordnung*) in Verbindung mit § 57 ASOG²).

Sollte das zutreffen, haben Sie gegen die Lärmschutzvorschriften verstoßen und können nach § 9 Abs. 1 Ziffern 1 bis 3, sowie Abs. 2 Lärmverordnung in Verbindung mit § 62 BImSchG*) mit einem Bußgeld belegt werden.

Als Geschäftsführer sind Sie für das Verhalten Ihrer Mitarbeiter und Gäste verantwortlich. Sie haben die erforderlichen Aufsichtsmaßnahmen zu treffen, damit es zu keinen Lärmbelästigungen durch Ihre Einrichtung kommt (§ 130 OWiG).

Verkehrsverbindungen
U8, U9 Osloer Straße
126, 128, 150, 228, 255   23, 24

Telefax (030) 45 75 30 57
E-Mail umweltamt.mitte@
ba-mit.verwalt-berlin.de

Zahlungen bitte bargeldlos an die Bezirkskasse Mitte
Geldinstitut   Kontonummer   Bankleitzahl
Postbank   650 530 102   100 100 10
LZB   100 015 26   100 000 00

»Ordnungswidrigkeit«: Weiberfastnacht und Rosenmontag

... so ist es (noch) in Berlin!

»Bazillus Carnevalensis« versetzt. Gelegentlich bewerfen sich die Teilnehmer, immer irre lachend und singend, manchmal dabei auch noch tanzend, mit Papierstreifen, die sie »Luftschlangen« nennen.
Persönliche Höhepunkte sind kußähnliche Bemühungen, wildfremden Menschen die aufgeworfenen Lippen auf die Backen zu drücken. Ohne sich in weitere Einzelheiten zu verlieren, beschloß Familie Genie-Mann, diese fremden, auch noch auf religiöse Ursprünge zurückgehenden Sitten erst gar nicht ins eigene, heidnische Land kommen zu lassen. Natürlich war ihrem beauftragten Rechtsgelehrten bekannt, daß Karnevalisten besonders gern die Hochobrigkeit mit ihren Späßen verärgern und reizen. Sie hatten schon unter der französischen wie unter der preußischen Besatzung erfolgreich bewiesen, wie einfach das war. Ein Hering an die Mütze, wo sonst die königliche Kokarde hing und schon kam man ins Kittchen.

Kaum war man wieder draußen, war man ein gefeierter Karnevals-Major und stieg hoch auf in's Garderegiment. Selbst bei den Nazis funktionierte dieser Trick.
Genie-Manns ließen durch ihren Rechtsgelehrten eine geharnischte Warnung an die Besitzer der Veranstaltungsräume senden und die hoheitliche Großbürokratie anweisen, dem landesfremden Treiben von vornherein und ein für allemal unmißverständlich den Garaus zu bereiten. Die Großbürokraten wälzten ihre Paragraphen-Folianten, wurden fündig, drohten harte Strafen an, wenn sich das oben geschilderte hier ortsfremde Verhalten vernehmlich ereignen sollte. Vernehmlich sollte heißen, wenn es der hohen Behörde »zu Ohren komme«. Echte Karnevalisten finden einen Weg, damit nichts »zu Ohren kommt«.
Die beiden Direktoren im Exilzirkus teilten sich die Arbeit. Der eine schlug Alarm im Heimatland, machte wilde Anschläge an

»Ne Kölsche in Berlin«

»Ne Besuch em Zoo«, so lautet der Titel eines bekannten Kölner Karnevalliedes. Genau so kommt es mir vor, wenn ich in die Berliner Kneipenszene eintauche. Manchmal weiß man allerdings nicht genau, ob man sich diesseits oder jenseits der Gitterstäbe befindet. Sicher, das ist nicht nur in Berlin so, aber hier ist »sehen und gesehen werden« noch höher im Kurs als in anderen Städten. Da fügt es sich gut, daß sich ein Rheinländer klammheimlich in Berlin so breit gemacht hat, daß sein Etablissement nicht mehr aus der hiesigen Szene wegzudenken ist. »Ne Kölsche in Berlin«, vielleicht könnte das mal ein Musical wie »Ein Amerikaner in Paris« werden. Libretto-Schreiber an die Front! Kurzum: Die »Ständige Vertretung« ist Treffpunkt aller Berliner aus dem Rheinland, die schon am ersten Tag »Heimweh no Kölle han«. Hier können sie ihr obergäriges Gebräu – sprich »Kölsch« – trinken (Gott sei Dank kein Alt aus Düsseldorf). Keine Frage, daß man hier auch »Kölsch« versteht (wir können alles, nur kein Hochdeutsch). Hier trifft man Freunde, die man zu Hause aus den Augen verloren hat. Und dann ist natürlich noch zu erwähnen, daß ein exzellentes Restaurant angegliedert ist: Hier schmeckt's wie bei der »Mam« oder der »Tant«.

Jean Pütz, WDR-Fernsehredakteur

die Fensterscheiben, trommelte praktizierende Karnevalsfreunde in den Journalbureaus zusammen, um »die Ordre de Mufti« zu verkünden. Das war ein Aufschrei in der Heimat. Selbst frühere Feinde eilten zu Hilfe und wurden Freunde. Man kannte am großen Strom im Heimatland keine Parteien mehr, sondern nur noch Karnevalisten.

Der andere Direktor erfand den ersten leisen Karneval der Welt, der seit diesem Jahr 1998, also noch im letzten Jahrtausend, landesweit in die Annalen einging. Fernsehkanonen richteten sich auf die fremde Hochburg. Aus dem Ausland kamen Beobachter, den völlig neuen und unbekannten Ruhe-Karneval zu erleben und diese Eindrücke an die eigene Bevölkerung weiterzugeben. Radioprogramme wurden unterbrochen. Die Nachrichten fingen mit Schilderungen über den neuartigen Karneval in der großen, gewaltigen Metropole an. Die ersten neugierigen Einheimischen, angelockt von den Verboten und den Berichten über die angedrohten Strafen, machten sich auf die Socken, um diesen Zirkus zu erleben. Nachbarn begannen, Transparente mit Solidaritätsbekundungen in die Fenster zu hängen. Bürgermeister schalteten sich ein. Der Präsident des höchsten Rates kam auf fremde Religionen der fremden Völker zu sprechen. Das volkstümliche Blatt »Sorgenpost« installierte eine Fernsprechleitung nach Amerika, wo gerade Herr Genie-Mann weilte, und stellte ihm und einem der Zirkusdirektoren Fragen über die Gefährdung der Ost-West-Beziehungen, über die Gefahr für die öffentliche Sicherheit und Ordnung. Im Innern der Informationsräume der Fremden, die diese mittlerweile grellbunt geschmückt hatten und in denen jetzt Indianer, Pfarrer, Seeleute, Beamte, Zuchthäusler und besonders viele Polizisten gleichzeitig wie auf Geheimzeichen in die Höhe hopsten, während sie dabei dauernd laut singend versicherten, eine weltberühmte Kirche in Köln zu belassen, stellten die Kuriere der hoheitlich kaiserlichen Behörde, interessierte Blätter und Nachrichtenagenturen fest, daß jeder Teilnehmer des fremden Treibens eine Klappe auf den Ohren und Stangen auf dem Haupte hatte. Antennen hießen diese.

So ähnlich müssen früher Pickelhauben in Preußen ausgesehen haben. Versteckt in diesen Ohrenklappen hatten die Fremden ihre Karnevalsorchester. Immer größere Massen strömten herbei. Sie drückten sich von außen die Nasen an den Fensterscheiben platt. Ganz Mutige stiegen über streng bewachte Barrieren in das fremde Tanzgehege ein und ließen sich anstecken vom delirischen Treiben. Der aus der Heimat der Fremden herbeigerufene Charly, berühmt für seine Karnevalsmusik, heizte dem Ohrenclub derart ein, daß »kein Halten mehr war«: Plötzlich tauchten sogar echte Polizisten auf und hinderten einen echten Minister in seinem Redebedarf.

Die Großmetropole hatte ihr Gespräch. Manche Einheimischen ergingen sich in Mutmaßungen darüber, daß die Fremden unter den Ohrenklappen offensichtlich Schlitzohren haben mußten. Frau und Herr Genie-Mann wurden die meist genannten Kräfte der Werbe-Agentur. Unzählige Karnevalsvereine aus aller Herren Länder rissen sich um die Werbemethode Genie-Manns und darum, die Rechte daran zu kaufen. Ein Jahr später empfing der hohe Senat der Großmetropole mit großem protokollarischen Tschinda-Rassa-Bumm eine mächtige Abordnung aus dem Mutterland des Karnevals.

Erfolgsgeheimnisse wurden ausgetauscht, Städtepartnerschaften entstanden, Prinzenbesuche fanden statt. Familie Genie-Mann jagte eine Anzeige nach der anderen in die hohe Polizeibehörde.

Prinz Harald von den »Fidelen Rheinpreußen Grün Blau«, so genannt, weil sich die Familie Genie-Mann für ihre Werbeagentur öffentlich immer wieder grün und blau ärgern mußte, wurde vom höchsten Landesherrn und obersten Chef-Kanzler empfangen. Die Werbeagentur und Familie Genie-Mann schufteten Tag und Nacht für den weiteren Ausbau der städtischen Karnevalsstrukturen. Der erste närrische Zug wurde von Prinz Harald organisiert, und zwar Hinter den Linden, wo die Einheimischen staunend den Fremden und auch schon einigen Verrückten aus der eigenen Metropole zusahen. Sponsoren hatten die Wettervorhersage manipuliert und mit einem großen Konfetti-Regen über dem berühmten roten Platz der Metropolen-Capitale im Ostreich endete ein Film der schönen neuen Werbewelt mit dem Titel: »Wie man dem Karneval im feindlichen Ausland auf die Sprünge helfen kann«.

Herzlich willkommen!
»StäV« – Gastfreundschaft in jeder Lebenslage!

Heidi Schüller, Autorin, Sprecherin des olympischen Eides bei den Olympischen Spielen in München 1972

Christopher Wirtgen

Die »StäV«
– jetzt schon ein Rheinland-Klassiker in Berlin

Ja, das Prädikat ›Klassiker‹ kann man der »Ständigen Vertretung« am Schiffbauerdamm wohl schon geben, ohne sie dadurch mit Adjektiven wie ›alt‹, verstaubt‹ oder ›ausgedient‹ in Verbindung zu bringen. Das wäre auch vermessen. Alter allein macht noch keinen Klassiker. Wäre dem so, würde die »StäV« dieses Prädikat nicht tragen können. Aber was macht diesen ›Klassiker‹ aus, den Berliner Touristenführer auf vorbeifahrenden Spreedampfern eher abfällig kommentieren? Ich selbst bin auch erst seit einem halben Jahr in Berlin. Empfange ich Freunde, meist aus dem Rheinland, steht der Besuch der ›Gaffel-Schänke‹ stets auf dem Programm. Haben meine Gäste vom Kollwitzplatz, Schlachtensee oder Prater noch nie etwas gehört – die »StäV« kennen sie doch alle. Kölsch und Karneval verbindet jeder mit ihr. Sie jedoch darauf zu reduzieren, wäre mehr als ungerecht. Trotzdem fing es auch bei mir mit genau diesen Reizworten an.

Es war Januar 2001, und der Karneval rückte immer näher. Auch bei dem Berliner Radiosender, für den ich arbeite, war dieses Ereignis zu meinem großen Erstaunen ein zu behandelndes Thema. Geschah dies auch nicht von ganzem Herzen oder gar leidenschaftlich, so doch aus der Notwendigkeit heraus,

Vertretung und Versuchung

»StäV« ist die Kurzform für »Ständige Vertretung«, und das ist wiederum für mich die Kurzform für »Ständige Versuchung, mich woanders vertreten zu lassen«. Die »StäV« ist eine ständige Versuchung, nicht ins Plenum zu gehen, denn in der »StäV« trifft man mehr Leute als in der leeren Weite des Plenums. Nichts gegen meine Kollegen, im Plenum vertreten sie ständig das Volk, dafür sind sie da, in der »StäV« trifft man ständig bodenständige Menschen. Allen voran natürlich Friedhelm, das ist die rheinische Kosefassung eines wahrhaft preußischen Namens, nämlich von Fried-rich-Wil-helm, aber das sagt man (ihm) besser nicht. Denn dann ist er betreten, zwar nicht ständig, und er leitet doch so schön zusammen mit Harald, dem ersten Prinzen des dritten Jahrtausends, die zarteste Versuchung seit es Kölsch und seit es Berlin gibt.

Jakob Mierscheid, berüchtigtes Mitglied des Deutschen Bundestages

das Thema behandeln zu müssen. »Man kommt leider nicht mehr daran vorbei«, so einer meiner neuen Berliner Kollegen. »Jetzt erst recht«, dachte ich.
So setzte ich mir das Ziel, das Berliner Prinzenpaar in die Sendung am Karnevals-Samstag einzuladen. Dieses Vorhaben schien mir mehr oder weniger aussichtslos. Ich stellte mir vor, diese Aufgabe in Köln oder Bonn lösen zu müssen. Kaum machbar. Dank der »StäV« wurde sie zu einer der Unkonventionellsten und Einfachsten meiner kurzen Berliner Laufbahn. »Wenn der Kontakt hergestellt werden kann, dann dort«, dachte ich mir. Tatsächlich, es dauerte exakt zwei Kölsch-Längen und die Sache war durch. Telefonnummern wurden auf Bierdeckeln ausgetauscht und zwei Anrufe später stand der Name meines Senders im Terminkalender von Brigitta I. und Thomas I. So kenne ich es aus dem Rheinland, so funktioniert es auch in der »StäV«.
Aufgrund meines Alters bin ich glücklicherweise auf keinem der Fotos an den Wänden verewigt und kenne weiß Gott einige dieser Zeitgenossen überhaupt nicht. Das ist nicht schlimm. Ich bin auch nicht der typische Gast. Aber das Gefühl, als Rheinländer in Berlin die »StäV« zu betreten, unterscheidet sich ungemein von dem, in eine andere Berliner Bar zu gehen. Nicht, weil die »StäV« außergewöhnlich angesagt oder meine Stammkneipe wäre. Nein, es ist das Gefühl, allein durch den Geburtsort und die Wurzeln dazuzugehören, ohne dabei elitär zu sein. Einfach so. Als Bonner in Berlin lernt man so etwas schnell zu schätzen.
Daß die »StäV« noch nicht zu einem Bonner Grabmal mutierte, liegt wohl daran, daß die interessanten Charaktere hier nicht nur an den Wänden wachen, sondern auch an der Theke bei Kölsch und Plausch zusammenstehen und -hocken. Und zwar so dicht, daß der Gaffer mit der »Hardrock-Café«-Kappe kaum auffällt. Diesen Zustand gilt es zu wahren, damit aus der »StäV« nicht auch so ein Kappenverkauf wird. Das wäre zu schade!
Noch ein kleiner Tip: Die Verantwortlichen sollten mal darüber nachdenken, eine Dependance in Bonn zu eröffnen. Nicht daß auch dort die schöne alte Zeit in Vergessenheit gerät.

Klaus Staeck

»Demokratie ist lustig«:
Kunst und Leben in der »StäV«

Für mich ist die Ständige Vertretung zu Zeiten der inzwischen untergegangenen DDR noch ein Stück äußerst lebendiger Vergangenheit. Wie oft habe ich diese bundesrepublikanische Enklave aufgesucht, um mich dort mit ostdeutschen Freunden zu verabreden, mit den hilfsbereiten Mitarbeitern Treffen zu vereinbaren, um unerwünschte Konterbande als Diplomatengepäck ausgewiesen ins jeweils andere Hoheitsgebiet zu schleusen und damit dem sicheren Zugriff der Grenzwächter des antifaschistischen Schutzwalls zu entziehen. Für DDR-Bürger war der Besuch der Ständigen Vertretung nicht ohne Risiko. Denn so mancher geriet nach dem Verlassen des Gebäudes eine Straße weiter in eine scheinbar harmlose Personenkontrolle, avisiert vom diensthabenden Volkspolizisten im obligatorischen Wachhäuschen neben dem Haupteingang.

Unvergessen sind die zahlreichen Vernissagen und Empfänge, bei denen sich Ost und West trafen – unter den Augen der allgegenwärtigen Stasi, die als Kellner getarnt alles Berichtenswerte aktenkundig machte. Hier hatte Joseph Beuys mit der Sammlung Ulbricht 1982 seine erste Ausstellung jenseits der Mauer, war selbst zur Eröffnung gekommen, um all die vielen Freunde seiner Kunst in der DDR zu treffen.

So entbehrt es nicht einer gewissen Logik, wenn in der wiederauferstandenen »Ständigen Vertretung« Joseph Beuys' überdimensionales Porträt als Poster neben meinem »Universitäten«-Plakat hängt, unübersehbar im Zentrum der Kneipe, die vom ersten Tage an stets mehr war, als eine normale Gaststätte. Dabei ist es keineswegs nur der für Berliner Verhältnisse ungewöhnliche Kölsch-Ausschank, der diesen Flecken Rheinland in Berlin zu einem besonderen Ort hat werden lassen. Es ist die gelungene Mischung aus Kunst und Information, die für eine besonders anregende Atmosphäre sorgt. Diese Wände leben und dokumentieren ein Stück lebendiger Zeitgeschichte voller ironischer Spiegelungen, spannender Belege der deutschen Teilung und Vereinigung. Die Kunst behauptet sich gegen die vielen Fotos, von denen einige schon wieder Kunst sind. In der »Ständigen Vertretung« wird der Beweis erbracht, daß Kunst und Politik mehr sein

können als gefällige Dekoration mit anderen Mitteln. Die Petersburger Hängung, Rahmen an Rahmen, dicht an dicht, machen dieses Haus der Geschichte mit angeschlossener Gastronomie zu einem besonderen Erlebnisraum, in dem es immer Neues zu entdecken gilt. In der »StäV« wird die Politik nicht wie üblich als Reich des Bösen dargestellt und der Lächerlichkeit preisgegeben, wird die Kunst nicht als erhabenes und entrücktes Niemandsland zelebriert. Der alte Traum von der Verbindung von Kunst und Leben wird am Schiffbauerdamm real erfahrbar, gleich neben Brechts legendärem Berliner Ensemble. Hier trifft Politik die Kultur an Tischen und am Tresen, ohne erst die oft trennenden Barrieren überwinden zu müssen. Der vielzitierte wabernde deutsche Stammtisch mit all seinen dumpfen Verwünschungen hat an diesem Ort der Begegnung keine Chance. Das Ganze ist kein Zufall. Hinter dem Charme, der diesen geselligen Platz in so kurzer Zeit zu einem Anziehungsort der besonderen Art hat werden lassen, verbirgt sich auch Arbeit. Friedel Drautzburg, Kommunikationsgenie und leidenschaftlicher Sammler, und Harald Grunert geben auch dem fremdesten Fremden von Beginn an das Gefühl, daß er als Gast willkommen und nicht nur als Kunde begehrt ist. Der sympathische Laden ist nicht nur deshalb fast immer voll, weil es keine Einlaßkontrolle gibt. Als Rut Brandt in der »StäV« ihren achtzigsten Geburtstag feierte, konnte sie das auf vertrautem Gelände tun. Von Joseph Beuys stammt der Satz »Demokratie ist lustig«. An diesem Ort findet dieser Satz täglich seine Bestätigung. Ich selbst habe vor nunmehr dreißig Jahren in

Klaus Staeck mit dem französischen Kulturminister Jacques Lang

einer Reihe von Clubgalerien versucht, Kunst und Politik mit der Gastronomie zu vereinen. Trotz intensivsten Bemühungen scheiterte dieses Konzept damals. Um so mehr freue ich mich, daß diese Liaison in der »StäV« zu klappen scheint. Deshalb meine Forderung: Schafft eine, zwei, viele »Ständige Vertretungen«.

Preußen ade!

Die »StäV« ist ein guter Ort, an dem die in Berlin gelegentlich noch etwas fremdeln-den Rheinländer ihr Heimweh bekämpfen können, besonders natürlich zu Karnevalszeiten. Das ist gut so, denn so gelingt rheinische Beheimatung im auch dadurch immer weniger preußisch wirkenden Berlin.

*Wolfgang Thierse,
Präsident des Deutschen Bundestages*

Jürgen Leinemann

Zeichen für die Bonner Ultras

Daß er sich nun nicht mehr mit den »Ost-Doofen« auseinandersetzen muß, gefällt dem Grafiker, Maler und Bildhauer Wolf Leo, 58, nicht schlecht. Leo hat nicht viel übrig für Kunst pur. Er sieht sich als »Geschichtsarbeiter«, der historische Zeichen setzt wie Widerhaken im glatten Alltag. Wiedervereinigung – das hieß für den Ost-Berliner auch Zuzug von »naiven, netten Westdeutschen«, die »eine neue Doofheit« als Lebensgefühl mitbrachten, eine eigene Arglosigkeit vor der Geschichte.

Die »StäV« erkannte Leo sofort als »Brutstätte der Bonner Ultras«, wie er sich im SED-Jargon mopst, so recht ein Ort also, um gemeinsames Lachen zu produzieren. Drautzburg gefiel die leise Rotzigkeit des Berliners: »Die Wand gehört ihnen«, bot er an. Über das Ergebnis der Installation ist er glücklich: »Die Gäste sind voll enthusiastisch und neugierig. Es wird gelacht und geernstelt.« Das freut Wolf Leo, nur ist er nicht allzu sicher, ob es wirklich sinnvoll war, in Drautzburgs politischer Kölsch-Kneipe mit »knappen Zeichen« in spaßiger Form ernste Inhalte anzusprechen. Dafür stehen ihm die Stühle zu dicht vor seiner Kunstwand, nur keinen Gastronomieraum verschenken – die »Diktatur des Geldes«, das hat Leo in elf Jahren Kapitalismus gelernt – siegt allemal über »schönen Unsinn«, wie erzieherisch und ernsthaft der auch gemeint sein mag. Aus dem Westen nichts Neues. Von der Skepsis des Anfangs glaubt Wolf Leo, der sich inzwischen mit seinen Installationen und Ausstellungen ironisch als eine Art »Gedenkstellen-Onkel« fühlt, keine Abstriche machen zu müssen. Im SPIEGEL stand im Februar 1992 die Geschichte seiner ersten versuchten Annäherung an die Welt der Wessis. Die Trauer ist geblieben, der Trotz auch.

***

Das Wort »gescheitert« geht beiden Männern schwer über die Lippen. Doch an der Tür des Ladens in der West-Berliner Grolmannstraße fehlt neuerdings das kleine schwarze Schild, das monatelang ein frohgemutes Projekt verkündet hatte: »NIL-West, LEO-Ost«. Euphorisch waren der West-Berliner Maler NIL Ausländer, damals 47, und der Ost-Berliner Grafiker Wolf Leo nach dem Fall der Mauer übereingekommen, in der Gegend um den Charlottenburger Savignyplatz gemeinsam »Kunst als Lebensmittel« unters vereinigte Volk zu bringen. »Wir sind so 'ne Art Romeo-und-Julia-Geschichte«, hatte Leo geschwärmt. Heute verzieht NIL abwehrend das Gesicht, wenn er an diesen Überschwang erinnert wird. Daß die Shakespeare-Romanze tödlich endet, hätte ihn schon damals warnen sollen. Jetzt nennt Leo »einen Zusammenstoß«, was als Zusammenarbeit gedacht war. Für den enttäuschten NIL, der seine Verletzlichkeit gern hinter rauhbauzigen, bullernden Ausbrüchen verbirgt, steht fest, daß der Grund für das Scheitern zu neunzig Prozent »politisch« ist. »Mit einem Münchner hätte es geklappt«, sagt er dieser Tage, als die beiden Künstler sich zu einer Art Schlußbilanz zusammensetzen. Aber schon diese Einschätzung stößt bei dem sanften Leo aus Karlshorst auf Widerspruch. Neunzig Prozent

»privat-uniform«: Wolf Leos Kunstwerk (Ausschnitt) an der Stirnwand der »StäV«

seien »persönliche Schwierigkeiten« gewesen, findet der. Man habe zu wenig Bereitschaft gezeigt, Unterschiede zu akzeptieren, deshalb »die Niederlage«. NIL, den die Wende aufmöbelte und mit neuem Tatendrang erfüllte, wollte mit Leo stürmisch »vorwärts«: »was Neues machen, was Frisches«. Der West-Berliner gerät noch nachträglich in Wallung, wenn er an seinen damaligen Enthusiasmus denkt. Den Kunstmarkt wolte er zusammen mit Leo aufrollen, nach Köln auf die Kunstmesse gehen, »den Intellektuellen, die die Weisheit mit Löffeln gefressen haben«, etwas Kraftvolles entgegensetzen. Denn die gegenwärtige Kunstavantgarde, das ist für NIL nur »ein ohnmächtiger Haufen, der rumsabbert«. Und Leo?

Der wollte »langsam etwas wachsen lassen«. Und reden, reden, reden. Über ihre Arbeit, über gemeinsame Wurzeln, über die Teilung. »Wir wollten doch hier nicht nur Kunst machen, sondern auch ein Ost-West-Ding. So haben wir es doch an die Glocke gehängt.« Ja, ja, ja, das war auch NILs Interesse – aber doch nicht mit endlosem Gequatsche. Was bewegen wollten sie. Und nun? »Du 'ne Ausstellung, ich 'ne Ausstellung, langweiliger geht's nicht. Wir schlafen hier ein.« Wachsen lassen? NIL lacht höhnisch auf: »Ich hab' hier fünf Jahre lang was wachsen lassen, jetzt habe ich keine Geduld mehr.« Der Dialog versackt in der erschöpften Monotonie des hundertfach Wiederholten. NIL grummelt, braust auf, sucht nach Worten, winkt ab. Leo redet in weitschweifigen, komplizierten Sätzen, deutet an, zuckt zurück und verliert sich bisweilen in filigranen Theorien. Das Gespräch an diesem Bilanzabend – findet Nil unwidersprochen – spiegele ziemlich genau die Art ihres Umgangs wider. Und wie NIL immer mal wieder aufspringt und im Nebenzimmer kramt, so ist er auch – vermutet Leo – vor ihm häufig geflohen, nach Mecklenburg, wo er in einem Dorf ein altes Bauernhaus gekauft hat. Er sei sich deswegen als Ossi in der gemeinsamen Galerie in West-Berlin, die unverändert

Einfach gut!

Laut, westalgisch, gutes Essen – einfach gut!

Dr. Gregor Gysi, Rechtsanwalt, Mitglied des Deutschen Bundestages sowie des Auswärtigen Ausschusses für die Fraktion der PDS

NIL gehört, immer mehr wie ein Eindringling vorgekommen, stet von dem Gefühl bedrückt, »gegen was zu verstoßen, was nicht zu benennen war«. NIL fährt empört auf: »Ich habe nie begriffen, was eigentlich dieses Fremde zwischen uns gewesen sein soll, von dem du immer redest, diese unausgesprochenen Vorwürfe oder so Sachen.« Dann schroff: »Du hast eben nicht geschnallt, wie man sich hier zu verhalten hat.«

In Mecklenburg jedenfalls läuft das anders. Da kriegt der Westkünstler NIL Unterstützung, da wollen die Leute wirklich Neues aufbauen, nicht nur über das Alte sabbeln und darauf beharren, das wenigstens der grüne Rechtsabbiegepfeil an den Kreuzungen gut war. Deswegen geht er da hin.

Szenen einer Ehe. Auf den ersten Blick erscheint Leos Einschätzung, daß vor allem ihre persönlichen Eigenheiten das gemeinsame Unternehmen torpediert hätten, nicht abwegig. Links am Tisch der emotionsgeladene, nervöse NIL, der fast zu bersten droht vor Unternehmungslust und Unrast. Ihm gegenüber der intellektuell-ästhetisierende, stets vorsichtig einlenkende Leo, der eine einlullend zarte Trägheit um sich verbreitet. NIL trägt einen groben Pullover über blauweißem Ringel-T-Shirt. Sein Prolo-Habitus ist Programm. Leo lugt ein fein um den Hals geschnörkeltes Seidentüchlein unter der eleganten Lederjacke hervor. Und sieht nicht Leo inzwischen viel westlicher aus als NIL? Ein wunderliches Paar. Konnte das überhaupt gutgehen?

Erst beim Zuhören gewinnt NILs politische Bewertung an Wahrscheinlichkeit. Je länger das Gespräch dauert, desto deutlicher wird, daß sich im gescheiterten Projekt der beiden Männer – bei allen persönlichen Eigenheiten, über alle kunsttheoretischen Differenzen hinweg – bis in lachhafte Details hinein die landauf, landab bejammerten Schwierigkeiten zwischen Ost und West abbilden. Wenn Leo und NIL heute die Produkte des Partners betrachten, verflacht ihre Wahrnehmung zum Klischee. Sie sehen darin, was derzeit alle übereinander sagen.

Sind nicht NILs Bilder – seine schrillen Frauenporträts, seine klobigen politischen Symbolszenen: das Brandenburger Tor mit der Bananenschale obendrauf – und seine naiven Comiczeichnungen geradezu gemalte Fingerabdrücke des kapitalistischen Westens? Vor zwei Jahren ist Leo in NILs Laden gegangen, weil ihm »seine komischen Frauen irgendwie gefielen«. Jetzt nennt er sie »unerotisch«, findet Ausdrücke wie grell, aggressiv und vulgär. Für ihn sind das »Konsumprodukte«. Und spiegeln die abstrakten Grafiken Leos, seine Pappfiguren und Landschaften mit ihren subversiven Signalen und Chiffren für Eingeweihte nicht trist den sozialistischen Osten? NIL, der anfangs angetan war vom Einfallsreichtum der Papierarbeiten seines Freundes von drüben, sagt ihm jetzt heftig ins Gesicht, daß er vieles »stinklangweilig« findet, grau und öde.

Und hat Leo etwa was verkauft? Nein, NIL will nicht leise sein wie Leo, er will lärmen, provozieren, auf sich aufmerksam machen. »Geh doch mal durch die Stadt. Alle knallen dich zu. Da will ich dabeisein, aufdringlich werden, viel aufdringlicher noch als jetzt.« Als ob Kunst da mithalten könnte. Leo sieht aus, als wolle er NIL wachrütteln: »Man kann gegen den Machtapparat der Medien mit Bildern nicht ankommen.« Er will es auch gar nicht. Das »Stillere, Nichtsofarbige, Hintergründigere«, das ist seine Sache. Kunst als leise, subversive Therapie gegen eine kaputte Welt. Das oder gar nichts. »Sonst bin ich kein Künstler mehr, dann mach' ich Dekoration.« Und sind denn nicht auch ernsthafte Interessenten in seiner Ausstellung gewesen, die er im Sommer in der Galerie zeigte? Leute aus Israel, Amerika und Australien, selbst Westdeutsche, die so denken wie er? Gespräche »mit diesen Menschen, die nicht zur Käuferschicht gehören, die das andere wollen«, die betrachtet der Grafiker aus dem Osten auch als Erfolg. »Und wie soll ick davon meine Miete bezahlen?« Rüde unterbricht NIL Leos schwärmerischen Monolog.

»Leise«, spottet er, »ja, das ist wahr. Du bist viel zu leise. Und wenn man das hier tut, ist man bald so leise, daß man tot ist.«

Kann er, der von seiner Kunst leben will, sich leisten, stundenlang mit Menschen aus Australien hintergründige Gespräche zu führen? Er hat schließlich eine Existenz zu verteidigen, die Galerie, die er in fünf Jahren aufgebaut hat. Und er ist stolz darauf, nie an eine Senatstür geklopft zu haben wegen Staatsknete. »Nur so behältst du einen geraden Rücken. Ich bin der freieste Mensch.« Leo guckt zweifelnd, sagt aber nichts, weil NIL schon wieder hochzuschießen droht. Der fügt jedoch nur müde an: »Und du brauchst auch nicht mehr im Untergrund zu arbeiten.«

Wolf Leo: »privat-uniform«,
Fenster aus dem Bonner
Wasserwerk

Irgendwann im Frühherbst, Leo hatte den Ost-Berliner Lyriker Jürgen Rennert zu einer Lesung in das West-Berliner Ladenatelier geladen, ist der Bruch unkittbar geworden. Rennerts Texte – »Zwischen zwei Schritten der Zweifel, unter zwiefachem Zweifel kein Schritt« –, die nölenden Diskussionsbeiträge der mitgekommenen Leo-Freunde vom Prenzlauer Berg, dieses ganze »Gelaber über die ehemalige DDR, die ihr ehemaliges Land ist«, haben bei NIL die Sicherungen durchbrennen lassen. Er hat gepöbelt und sich »ziemlich unfein« verhalten, wie er heute findet. Leos Freunde fanden das auch. Entsetzt haben sie damals gefragt, »mit wem ich mich denn da eingelassen habe«, erzählt Leo jetzt. Schon dieser Hinweis genügt, um NIL erneut in Rage zu bringen: »Ich habe die Nase eben voll vom Ost-West-Gejammer.« Müde versucht es NIL nun noch einmal, während der Blick Leos starr durch ihn hindurchgeht. »Die Wiedervereinigung hat stattgefunden, Mensch. Da kann man doch nicht immer zurückgucken, da muß man doch mal einen Schlußstrich ziehen.«

»Schlußstrich« ist Leos Stichwort, ist es wohl schon oft gewesen. Aber seine Verständnislosigkeit wirkt noch immer ganz frisch: »Man kann doch keinen Schlußstrich ziehen, wenn man begreifen will, wo die Empfindlichkeiten des anderen liegen. Er ist doch das Produkt dieser DDR, NIL kann ihn doch nicht zwingen, das zu verleugnen. Er muß ihm doch zuhören. Nun erregt sich Leo.

NIL hat das zu oft gehört. Ihn erinnert das alles an '68, als er schon einmal einer Künstlergruppe angehörte und am Ende rausflog, weil er immer auf's machen drängte. Die wollten auch die Welt durch Reden verändern. »Und was haben sie erreicht? Nichts, nichts, nichts.« Das klingt fast verzweifelt, NIL fühlt sich »unwohl« in seiner Rolle als Besserwisser. Er hat sich wohl auch damals unwohl gefühlt. Aber hat er jetzt nicht seine Galerie? Leise sagt Leo: »Ein Traum ist damit nicht zu Ende, daß er sich nicht durchgesetzt hat.«

Auf einmal scheinen die Männer einander näher. Sie mögen sich immer noch, die Umarmung zum Abschied ist keine konventionelle Geste. Vorsichtig wirbt Leo um seinen Partner: »Wir wollen uns doch nicht auf die starke Seite schlagen, da waren wir uns doch einig, oder?« Und ist nicht die Vereinsamung, die er hier im Westen erlebt, unproduktiv? Die Künstler im Osten hätten immer ungeheuer viel geredet. »Das war ganz wichtig. Die Leute waren, wenn sie zusammenkamen, immer überaus mitteilsam.«

Leo weiß, daß er mit seinen beschwörenden Sätzen NILs wunden Punkt trifft. Der hat sich ja die Produzentengalerie gerade deshalb ausgedacht, weil sie ihm zugleich die finanzielle Unabhängigkeit sichern, den Kontakt mit seinen potentiellen Käufern ermöglichen und seinen sozialen Neigungen entgegenkommen soll. »Ich mache doch auch Sozialarbeit«, beharrt der Westmaler. Zu ihm kämen Leute, die von Kunst keine Ahnung hätten und die sich in die schicken Galerien nie reintrauen würden.

»Aber hier können sie sagen: Das gefällt mir. Und dann kann man reden.« Künstler? »Ich bin eine Art Zauberer, ich zaubere den Leuten was vor.« Als ob er aber vorausahnte, daß Leo gleich sagen würde, so zaubere er den Leuten auch das Geld aus der Tasche, bullert er dann wieder los: Ihr klingt immer, als ob ihr Ostkünstler was Besseres seid.« Und leiser: »Das tut mir weh, wenn du immer so redest, als ginge es mir nur um die Knete.« Aber Markt ist Markt, Miete ist Miete. Schnell läuft der Dialog wieder in den alten Bahnen. Natürlich fragt sich auch Leo, der in Erwartung drastischer Erhöhungen aus seiner Wohnung in einer ehemaligen Karlshorster Villa ausziehen und sich in einem besetzten Haus nahe dem Alexanderplatz eine neue Unterkunft ausbauen will, wie lange er noch so leben kann, wenn er nichts verkauft. Zur Zeit hat er eine ABM-Stelle und lehrt sein »kreatives Spiel« mit Pappe und Papier an Schulen. Das ist seine Form von künstlerischer Sozialarbeit. Und gerade packt er seine Arbeiten in einen Transporter, um sie bei einem Kunstseminar an der Evangelischen Akademie in Mühlheim an der Ruhr auszustellen.

»Genau«, murmelt NIL, »det is et« – ABM-Stelle, Kunstseminar, Evangelische Akademie –, »det is et, wo wa uns unterscheiden.« Er hingegen hat in seinem Mecklenburger Dorf den früheren Konsum-Laden gemietet, um da eine Landgalerie aufzuziehen, vielleicht ein Restaurant dabei. Und einer, der ihm vor Ort bei seinen Plänen hilft, sein bester Freund dort, das sei ein PDS-Mann, sagt NIL triumphierend: Der packt zu, hilft. Den wird er malen. Und das Bild nennt er dann »Realexistierender Sozialismus«. Leo übergeht die unterschwellige Attacke. Dagegen ist er nun abgehärtet. Gut, vielleicht hat er nicht den von seinem Westfreund erhofften Schwung mitgebracht für das gemeinsame Projekt – der andere aber auch nicht die nötige Geduld. Die »Verhärtung im vorhinein« war eben zu groß.

Aber sind sie nicht auch als Bürger ihrer beiden Staaten allzu plötzlich aufeinander losgelassen worden? »Das war, wie wenn Erwachsene sich treffen und ihre Kinder mitbringen. Die müssen dann auch miteinander auskommen, ob sie sich mögen oder nicht«, sagt Leo. Mit diesem Vergleich kann NIL leben. So gesehen, finden beide, waren die gemeinsamen Monate trotz allem eine nützliche Erfahrung.

Der Abschied schmerzt beide. Sie bemühen sich um versöhnliche Formulierungen. Leo versucht es, indem er das gescheiterte Experiment noch einmal staatsbürgerlich anhebt: »Wir können nicht bei der großen Politik einklagen, was wir selbst nicht geschafft haben. Wir haben unsere Möglichkeiten nicht ausgeschöpft.« NIL seufzt. »Ich finde det rührend.« Seine Erfahrung heißt: »So ging's halt nicht. Aber vielleicht anders.«

Friedel Drautzburg und
Harald Grunert

Kunst und Politik:

Ein Rundgang durch die »Ständige Vertretung«

Die »StäV« ist nicht nur Kneipe und Umschlagplatz rheinischer Lebensart – sie hat sich auch als ein in dieser Form einzigartiges Museum der ›Bonner Republik‹ einen Namen gemacht. Unsere Gäste verbringen viel Zeit damit, die ausgestellten Kunstwerke und Fotografien zu studieren, und nicht die wenigsten der im Bild festgehaltenen Personen zählen heute zu unseren Stammgästen. Um dem aufmerksamen Betrachter die Orientierung ein wenig zu erleichtern, geben wir nachfolgend einen Überblick über die aus unserer Sicht wichtigsten Exponate. Unser Rundgang beginnt ganz konventionell mit dem Eingangsbereich, führt an der Spreeseite entlang über die Stirnwand zu den zwei Sitz-Nischen gegenüber der Fensterfront und endet – wie sich das für eine Politkneipe gehört – an der Theke.

Rarität: Dreigestirnsfahne aus Köln-Sürth

Der Eingangsbereich

Die »Ständige Vertretung« ist nicht nur das Flaggschiff der Kölner Gaffel-Brauerei, sondern – beflügelt durch die Vorkommnisse im Februar 1998 – die erste und bislang einzige Hochburg des rheinischen Karnevals in Berlin. Sie verfügt über eine umfangreiche Dokumentation seltener Karnevalszeugnisse, insbesondere über eine ›Dreigestirnsfahne‹, die im Rheinland als ›Heiligtum‹ gilt.
Die Kölner Kultband »Bläck Fööss« hat aus diesem Grund der »StäV« ihr Poster von Tomi Ungerer signiert, natürlich auch »BAP« und »De Höhner«. Hinzu kommen eine Vielzahl von Karnevals-Orden und -Plaketten, die in luftiger Höhe über dem Eingangsbereich präsentiert werden. Eines der Fotos rechts hinter der Eingangstür zeigt den weit über die Grenzen Bonns bekannte und berüchtigte Photograph Camillo Fischer im Gespräch mit Seiner Heiligkeit, dem Dalai Lhama. Zudem sind in diesem Bereich zwei Postereditionen des Bonner »Gambrinus« aus den achtziger Jahren mit einem Porträt des damaligen Kanzlers Kohl zu sehen, die – wie in einer Ausgabe des »Stern« aus jener Zeit berichtet wurde – in der Republik am meisten vertrieben wurden.

Die »Schumannklause« als Urzelle der ›politischen Gastronomie‹ in Bonn weckt bei vielen

Bonns Anfänge als Regierungssitz, 1949

heute fünfzig- bis sechzigjährigen Alt-Achtundsechzigern emotionsgeladende Erinnerungen. Immerhin ist über dieses Lokal ein veritables Buch erschienen. Das hier ausgestellte Poster ist heute noch verkäuflich.
Im Vorraum vor dem Büro (eher ein Verschlag ...) und den Toiletten ist eine kleine Dokumentation der Anfänge der Bonner Regierung zu sehen. Desweiteren wird hier anhand ausgewählter Zeugnisse der Kampf gegen den Regierungsumzug von Bonn nach Berlin in Wort und Bild dokumentiert. Erinnerungs- und Fundstücke, persönliche Zeugnisse und überlassene Geschenke aus Bonner Tagen sowie weitere Belegstücke des Rheinischen Karnevals runden diesen Bereich ab. Andere Fotos im Eingangsbereich zeigen den populären Bonner Lokalpolitiker Bernhard (genannt »Felix«) von Grünberg, Frank Sommer – einmal mit Friedel Drautzburg an dessen 50. Geburtstag, ein anderesmal während einer Audienz bei Papst Pius XII. –, den bekannten Fernsehjournalisten Ernst-Dieter Lueg mit seinem Kollegen Sönke Petersen von der Münchner »AZ« sowie Babette, die Tochter des

(heutigen) NRW-Ministerpräsidenten Wolfgang Clement, die sich für die Bürgerinitiative »JA zu Bonn« eingesetzt hat. Ein zentrales Dokument für die Geschichte der »Ständigen Vertretung« ist das »Petersberger Abkommen«, wie der Vertrag über die Anpachtung des Lokals am Schiffbauerdamm überschrieben wurde. Die Unterzeichnungszeremonie fand mit Volker Thomas, dem Betreiber des ehemaligen »Osvaldo«, auf dem Petersberg bei Bonn statt.

Bücherkarren im Bonner Hofgarten zur Zeit der Notstandsgesetze

Die Toiletten

In dem schmalen Vorraum zu Telefon, Zigarettenautomat und Toiletten ist neben einer Schau-Vitrine mit Verkaufsartikeln der Gaffel-Brauerei in Köln ein Transparent der traditionsreichen Kaffeerösterei »Sel. Wwe Zunfts« angebracht, die ihren Sitz kurioserweise in Bonn und Berlin hatte. Innerhalb der Toiletten, deren Türen auf die Zeitungsstadt Berlin hinweisen, hängen Dokumente aus Bonner und Berliner Zeitungen zum Umzugsbeschluß und den heftigen

Auseinandersetzungen aus dem Jahr 1991. Da der Wortlaut des Beschlusses längst nicht jedem bekannt sein dürfte, haben wir ihn hier großformatig wiedergegeben. Das Bundesgesetzblatt gibt die Aufklärung: Ein Großteil der politischen Institutionen sollte ursprünglich in Bonn bleiben.

Der Stehtisch

Hinter dem Stehtisch gegenüber der Theke wird ein Stück Geschichte der alten Bundesrepublik dokumentiert: Der sowjetische Präsident Gorbaschow auf der Bonner Rathaustreppe mit Oberbürgermeister Daniels und Oberstadtdirektor Dieckmann – ein Bild, das um die Welt ging, weil ein kleiner Junge sich durch die Sicherheitssperren gemogelt hatte, um dem russischen Präsidenten einen Blumenstrauß zu überreichen. Vom friedlichen Geist der Bonner Republik war offenbar auch Gorbatschow ergriffen, als er den Jungen spontan auf seinen Arm hob. Dieser Moment war für viele Beobachter der Auslöser für die ›Gorbimanie‹ der Deutschen. Neben anderen Erinnerungen an Bonner Zeiten hängt hier auch ein wertvoller französicher Siebdruck aus der Zeit der Jahrhundertwende, der als politische Karikatur das deutsch-französische Verhältnis zur Getränkewerbung benutzt und zugleich den Kaiser Wilhelm ›auf die Schippe nimmt‹. Dieses Werk hat die »StäV« vom befreundeten »Mister Tagesthemen« Ulrich Wickert erworben. Es hing schon vor vielen Jahren im »Gambrinus« in Bonn. In der Fensternische ein Foto von Horst Ehmke als fideler Feuerwehrmann sowie ein weiteres Bild von der berühmten Bonner Rathaustreppe: Die Bonner Oberbürgermeisterin Bärbel Dieckmann, einmal mit Rudolf Scharping und Jan Ullrich, ein anderesmal mit Nelson Mandela.

Michail Gorbatschow auf der Bonner Rathaustreppe

Die drei Säulen

An den drei Säulen hängen jeweils bemerkenswerte Photodokumente aus der Frühzeit der Bonner Politik, darunter eine wertvolle Porträtfederzeichnung von Toni Munzlinger, die den damaligen Außenminister Gerhard Schröder darstellt, Konrad Adauer mit Indianerschmuck, Helmut Schmidt im Andenponcho, Theodor Heuss im Jahr 1949 mit Bauarbeitern vor dem Reichstag, Altpräsident Heinemann in der typischen Arbeiterhaltung, ein kleiner Knirps zwischen Adenauer und Heuss, Helmut Schmidt hängt am Schnupftabak und geht anschließend auf Stelzen, danach hat er ein blaues Auge ...

Originalgrafik «Rudi und Gretchen» von Wolf Vostell

Konrad Adenauer bei den Sioux-Indianern

Auf der mittleren Säule zwischen den Fenstern zur Spree hängen zwei wichtige Arbeiten des Fluxus und Happeningkünstlers Wolff Vostell, der im März 1998 in Berlin gestorben ist: das limitierte und signierte Objekt »Rudi und Gretchen« mit einem Rote Grütze-Tütchen. Das Werk entstand nach dem Attentat auf Dutschke.

Darüber »Die Ferse«, eine relativ unbekannte und längst vergriffene Arbeit Vostells über Schüsse an der Mauer. Ganz oben: Noch einmal Rudi Dutsche, diesmal in typischer Aktionshaltung, bewundert von Sir Ralf Dahrendorf.

Der Bonner Karneval hat auch in der Politik eine Rolle gespielt: An den beiden Hochtagen Weiberfastnacht und Rosenmontag wurde das politische Leben durch das närrische Treiben geprägt bzw. blockiert. Bildhafter Beweis: Das Funkenmariechen im Spagat auf dem Kabinettstisch vor Helmut Schmidt und Hans-Dietrich Genscher. Ob sich solche Bilder in Berlin wiederholen? Unter dem Funkenmariechen der Originalstuhl des Berliner CDU-Abgeordneten Jakob Kaiser mit Lesepult aus dem ersten Deutschen Bundestag, eine Leihgabe der Bonner Buchhandlung Bouvier.

Hinterer Bereich

Die Tischplatten im hinteren Bereich des Lokals sind ehemalige Arbeitsplatten der Bonner Fahnenfabrik, in der über fünfzig Jahre lang sämtliche Staatsfahnen der Bundesrepublik genäht wurden. Das Haus der Geschichte in Bonn hat der »StäV« einen Ausschnitt des Parkettfußbodens aus dem ersten Deutschen Bundestag als Dauerleihgabe zur Verfügung gestellt. Türklinken von den Toilettentüren der Bonner Beethovenhalle, in der in den fünfziger Jahren der Bundesrat und die Bundesversammlung tagte und in der die ersten Bundespresseälle stattfanden, sind Geschenke von Bonner Freunden an die beiden Betreiber der »Ständigen Vertretung«.

In den Schau-Vitrinen des hinteren Bereichs sind neben zahlreichen schönen, komischen und kitschigen Kölschgläsern zwei bemerenswerte Kölschglas-Editionen zu besichtigen: Eine mit der Abbildung der »Ständigen Vertretung der DDR« in Bonn von 1987, eine andere von der Bürgerinitiave »Ja zu Bonn« aus dem Jahr 1991, die von der heute nicht mehr existierenden Kölner Gereons-Brauerei aufgelegt worden war. Über den Vitrinenschränken kann man übrigens deutlich erkennen, wie sehr die Karnevalsfahne an

Sammeln, Bewahren, Ausstellen

Daß die Prinzipien erfolgreicher Museumsarbeit – Sammeln, Bewahren, Ausstellen – auch einem guten Gastronomen anstehen: Friedel Drautzburg hat es in der »Ständigen Vertretung« bewiesen. Herzlichen Glückwunsch Herr Kollege »Museumsdirektor«!

Prof. Dr. Hermann Schäfer, Direktor der Stiftung Haus der Geschichte der Bundesrepublik Deutschland in Bonn.

Heimstadt im Freundesland

Die »Ständige Vertretung« verbindet meine beiden Heimatstädte im Freundesland Deutschland. Daß ich meinen achtzigsten Geburtstag mit so vielen Freunden gerade hier feiern konnte, war für mich eine wundervolle Überraschung.

Rut Brandt

einer Originalfanfare von 1949 dem Hoheitsstander am Fahrzeug des Bundespräsidenten ähnelt. Daß Bonner und teilweise auch andere Prinzenpaare aus dem Rheinland der »StäV« einen Antrittsbesuch abstatten, versteht sich von selbst. Ihre Portrait-Karten werden ausgestellt.

Stirnwand (»privat – uniform«)

Die Stirnwand als zentraler Blickpunkt des Lokals schildert Szenen aus dem ›anderen Teil Deutschlands‹, der DDR. Sie wurde von dem Ost-Berliner Künstler Wolf Leo (Jg. 1942) gestaltet, über dessen Absichten die Kunsthistorikerin Beate Lemcke folgende Interpretation anbietet:

»Eine meiner Vorwende-Erinnerungen, denen sich zwiespältige Gefühle zugesellen, siedelt im letzten Jahrfünft des Arbeiter-und Bauern-Staates. Als ich als Zeitungsredakteurin den Kalauer ›Vom Käse lernen heißt stinken lernen‹ als Überschrift für eine Kabarettkritik durchgehen lassen wollte, wurde ich zur Chefredakteurin zitiert. Der Urtext, den ich da so zu beschmutzen drohte – ›Von der Sowjetunion lernen …‹ – war mir indes vor lauter Lachen noch gar nicht in den Sinn gekommen. Wie soll jemand, der nicht in diesem Staat aufwuchs und lebte, nachvollziehen können, was solcher Episode innewohnt? Wolf Leos Arbeit ›privat – uniform‹ für die ›Ständige Vertretung‹ liegt eine kommunikative Intention zugrunde.

Wolf Leo, ›privat-uniform‹ (Detail)

›Wenn man ins deutsch-deutsche Gespräch kommen will, dann am besten individuell, ganz privat‹, ist seine Erfahrung. So entstand die Idee zur Installation in einem Fenster aus dem alten Bonner Wasserwerk. Für die Collage wählte Leo Bilder aus seinem Familienalbum und Pressefotos aus, deren Schwarz-Weiß-Ansicht im wörtlichen wie im übertragenen Sinne besonders bezeichnend für das Leben in der DDR ist. Leo kopierte sie auf selbstklebende Folie und fügte sie in das Fenstermosaik. Eine gelbe und rote Leuchtröhre dahinter schaffen Raum und bringen die Transparenz zur Geltung. ›Denn es war ja nur für die Leute von außen undurchsichtig. Uns kam es zwar eindimensional platt, aber durchschaubar daher.‹
Im Zentrum zwischen Hauptfenster und Oberlicht teilt das DDR-Staatsemblem sich ein Rund mit dem Symbol der Friedens- und oppositionellen Bewegung in der DDR. Leo setzt Motive gegeneinander, veranschaulicht die zwei Seiten einer Medaille. Es gab immer beides: Konformismus und Opposition, Enge und Lebensfreude, Angst und Auflehnung, die triste, graue, doktrinäre DDR und kulturelles wie soziales Engagement. Indem er Geschichte erzählt, bezieht Leo den Betrachter in seine Heimatkunde ein. (...)«

Die hintere und mittlere Nische

In der hinteren Nische mit einer Original-Lampe aus dem Hotel Petersberg bei Bonn hängen weitere Zeugnisse aus den fünfziger und sechziger Jahren, u.a. ein Foto der legendären Kabinettssitzung im Garten des Palais Schaumburg aus der Zeit der großen Koalition. Die Bogenlampen an den Wänden stammen ebenfalls vom Petersberg, dem jetzigen Gästehaus der BRD. Sie stammen aus der Frühzeit der Elektrifizierung. Die Aufnahmen in dieser Ecke zeigen den historischen Kniefall Willy Brandts in Warschau sowie Dokumente aus seiner Zeit als Regierender Bürgermeister von Berlin.

Lampe aus dem Hotel Petersberg bei Bonn

Links daneben: Die Sozialdemokratische Wählerinitiative mit der Gründungs- und Leitfigur Günter Grass, sein berühmtes Plakat mit dem Hahn (handsigniert), der Schriftsteller beim Zigarettenanzünden, beim Kochen seiner bekannten Linsensuppe und auf Veranstaltungen mit Willy Brandt, Günter Guillaume, weitere Mitglieder der Wählerinitiative (Iring Fetscher, Heinrich Böll, Wolf R. Marchand, ARD-Nachrichtensprecher Böck und Friedel Drautzburg, der zu den engeren Mitgliedern der Wählerinitive von 1969 und 1973 gehörte). Ebenfalls im Bild festgehalten: Die frühen Grünen Joseph Beuys und Udo Lindenberg (beide, wie meistens, mit Hut).

Joseph Beuys und Udo Lindenberg (M., r.) auf einem Parteitag der Grünen in Bad-Godesberg

Die bunte Grafik von Otto Herbert Hajek hat die Wählerinitiative anläßlich der Verleihung des Friedensnobelpreises an Willy Brandt 1971 herausgegeben. Desweiteren: Fotos von Adenauer und De Gaulle beim Bad in der Menge auf dem Bonner Marktplatz, ein Liebespaar unter dem Bundesadler im Bundeshaus, der Gedenkstein für Berlin mit der Km-Entfernungs-Angabe am Bertha von Suttnerplatz in Bonn sowie kuriose Fotos von politischen Figuren jener Zeit. Bemerkenswert auch eine Zeitungsmeldung, die nachdenklich stimmen sollte: In ein Bericht über die »StäV« wurde mitgeteilt, daß in diesem Lokal sei auch ein Bild von Saddam Hussein an der Wand hänge. Tatsächlich handelt es sich bei dem fraglichen Foto um ein Porträt von Günter Grass ...

Wie das Gebäude am Schiffbauerdamm, in dem sich heute die «StäV» befindet, zu früheren Zeiten aussah, zeigen zwei Abbildungen: Eine etwa siebzig Jahre alte Aufnahme dokumentiert den Zustand vor der Kriegsbeschädigung, als der Turm noch stand. Eine andere zeigt eine Außenansicht des legendären »Wein ABC« aus der Zeit der DDR-Gastronomie. Die Bleiglasarbeiten aus den früheren Fenstern des »Wein ABC«, die die drei weinproduzierenden Länder des ehemaligen Ostblocks – Ungarn, Bulgarien und Rumänien – darstellen, wurden von der »StäV« ausgegraben und gerettet. Sie stehen heute als Raumteiler im Lokal.

Auffälligster optischer Mittelpunkt des Lokals sind die beiden großformatigen Arbeiten von Joseph Beuys und Klaus Staeck in der mittleren Nische. Unter dem rechten Auge des Beuys-Plakats befindet sich eine Originalsignatur des Künstlers. Das erste Exemplar seines berühmten Plakats über die deutschen »Uniwersitäten« hat Klaus Staeck der »StäV« gewidmet. Beide Arbeiten stehn in gewisser Hinsicht für die Philosophie unseres Lokals: Beuys als Verkörperung des Rheinländers schlechthin, Klaus Staeck als politsch

Bildergalerie der ›Bonner Republik‹: Ein Teil der »StäV«-Sammlung

Joseph Beuys, »Wirtschaftswert = Alltagskonsumgüter der DDR« (Detail)

aufmerksamer Kritiker der bundesrepublikanischen Wirklichkeit. Neben dem riesigen Beuys-Plakat sind zwei seiner künstlerischen Originalobjekte ausgestellt: »Wirtschaftswert = Alltagskonsumgüter der DDR«. Auch hier wird ein Paket mit Roter Grütze verarbeitet, anders jedoch als bei der Vostell-Arbeit »Rudi und Gretchen« vis-a-vis im Hinblick auf Deutschland Ost.

Die »Kanzler-Ecke«

Die drei großformatigen Kanzlerporträts in der Nische links hinter der Theke stammen von dem Fotografen Konrad. R. Müller, der als bedeutender europäischer Porträtist anerkannt ist (Bildbände über die deutschen Bundeskanzler, Sadad, Kreisky, Mitterand u.v.a.). Seine Porträtarbeiten sind auch im neuen Reichstag installiert. Desweiteren sind in dieser Ecke Zeugnisse aus der ganz frühen Zeit der Bonner Rebublik zu sehen, z.B. ein Foto, das den ersten Bundespräsidenten Theodor Heuss 1949 bei der Einfahrt in den Bonner Bahnhof zeigt – das erste Kabinett Adenauer steht Spalier. Ein anderes Foto dokumentiert den Kampf gegen die Notstandgesetzgebung: Plakate an einem Bücherkarren auf dem Bonner Hofgarten. Daneben zahlreiche Repräsentanten der Adenauer-Ära, u.a. – was völlig unbekannt ist – Willy Brandt als Freizeit-Lautenspieler. Eine anderen Aufnahme zeigt Brandt als Waldläufer in Camp David, daneben sein damaliger Kanzleramtsminister Horst Ehmke (wie so oft selbstverliebt in die eigene Karikatur). Das schon klassische Adenauer Porträt als ›rheinisches Schlitzohr‹ mit Zylinder rundet neben einem lächelnden Außenminister Genscher, einem singendem Alt-Bundespräsidenten Scheel, einem in die Phototechnik vernarrten Bundespräsidenten Lübcke, einem spaßigem Ex-Bundeskanzler Erhard, einem lachend-bärbeißigen Ministerpräsidenten Clement (NRW) sowie den Kabarettisten

Das Kabinett Adenauer steht Spalier, 1949

Dieter Hildebrand und Hans-Dieter Hüsch mit »Spiegel«-Starautor Jürgen Leinemann das Bilderpanorama dieser Ecke ab.

Das Trio Gorbaschow, Ehmke, Lafontaine grient von oben herab. Die Ecke ist heute schon deshalb historisch, weil Ex-Umzugminister Töpfer an dieser Stelle am Tage seines Abschieds aus Berlin dem WDR ein Live-Interview mit Friedel Drautzburg gab. Auch über diesem Tisch hängt eine Originallampe aus den zwanziger Jahren aus dem Hotel Petersberg. Unter dieser Lampe hat schon Königin Elisabeth mit Theodor Heuss über europäische Politik konferiert.

Die »Kanzler-Ecke«

Die Theke

Zentral über der Theke steht das Foto eines Volkspolizisten vor dem Diplomatenschild der Ständigen Vertretung der BRD in Ost-Berlin, die wenigen Minuten von hier, in der Hannoverschen Straße 3, beheimatet war und von der das Lokal seinen Namen ableitet (»StäV« war die dienstinterne amtliche Abkürzung). Später wurde er als Lokalname rechtlich geschützt.

Der erste Leiter der »StäV« im damaligen Ost-Berlin war Günter Gaus, der heute zu unseren Stammgästen zählt, ist in der zweiten Nische (links von der Theke aus) mit jeweils einem der beiden Betreiber abgebildet. Das Foto des Volkspolizisten vor der Ständigen Vertretung wird von Porträts der Eltern Ferdinand Lassalle eingerahmt. Im linken oberen Bereich über der Theke die Bonner Oberbürgermeisterin Bärbel Dieckmann mit Reinhard Appel und anderen Honoratioren der Stadt bei der feierlichen Enthüllung einer Büste des Gartenbauarchitekten Peter Joseph Lenné an der Rheinpromenade. Gleich daneben OB Dieckmann mit Harald Grunert an der Theke der »StäV«.

Wie zu Hause

Bei Friedhelm, meinem ehemaligen Compagnon, fühle ich mich am Tresen immer so wohl wie zu Hause.

Ulrich Wickert, Anchorman der ARD-Tagesthemen, Buchautor

Von oben nach unten dann Szenen aus dem Bonner Kneipenleben mit früheren Abgeordneten: Hansen, Coppik, Meinicke, dann WDR-Redakteur Eberhard Rondholz, Norbert Gansel (heute OB von Kiel), MDB Hugo Brand und der Betreiber der damaligen linken Politkneipe »Schumannklause«, Friedel Drautzburg. Sodann, zeitlich versetzt um rund 30 Jahre, erneut Norbert Gansel, diesmal mit Günter Grass und Knut Nevermann in der Landesvertretung Hamburg nach einer Lesung. Die beiden Betreiber der »StäV«, Harald Grunert und Friedel Drautzburg, zeigt ein Erinnerungsbild vor Drautzburg's damaligen Bonner Politkneipe »Gambrinus«. Hinter der Theke: Helmut Schmidt als Barkeeper. Die Optik der »StäV« ist niemals fertig, sondern ständiger Veränderung unterworfen. Wenn heutzutage junge Leute Altbundeskanzler Ludwig Ehrhard für Winston Churchill halten und Journalisten Günter Grass mit Saddam Hussein verwechseln, halten wir es für wichtig, die wechselvolle Geschichte der Bundesrepublik und der DDR bis hin zur Wiedervereinigung und dem Umzug der Bundesregierung von Bonn nach Berlin an unseren Ausstellungsstücken nachvollziehbar zu machen. Selbst unser Partyservice benutzt große Silberplatten aus den DDR-Regierungsgasthäusern als historische Reminiszenz an die Ära Honecker. Da inzwischen sehr viele bedeutende Politiker die »StäV« aufgesucht haben, ist es selbstverständlich, daß zahlreiche Situationsbilder mit Bundespräsidenten, Bundeskanzlern, Ministern oder Staatspräsidenten (u.a. dem polnischen Staatspräsidenten) hinzugekommen sind und weiter hinzukommen werden.

Unumstößliche Feststellung

Als einer der ganz wenigen Bier-Abstellplatz-Schildinhaber und seit rund dreißig Jahren Stammgast des einzigen Kneipiers, der seine Gäste immer in seine jeweils aktuelle »Pinte« mitnimmt, stelle ich unumstößlich fest: Wer als Politiker, Journalist oder Lobbyist Friedel nicht kennt, hat – zumindest – das politische Leben verpennt!

Werner Heilemann, Pressesprecher der Dürr AG

V.o.n.u.: Wolfgang Niedecken, Friedhelm Julius Beucher und Franz-Josef Antwerpes, Katja mit Egon Bahr, Guido Westerwelle und Angela Merkel, Harald Grunert und Friedel Drautzburg mit Rut Brandt, mit Ulrich Wickert, Ingrid Mätthaus-Maier und Norbert Burger (v.r.), Wolfgang Clement mit Friedel Drautzburg und Jürgen Leinemann, Johannes Rau gratuliert Rut Brandt, Ben Kingsley mit Rudolf Scharping und Otto Sander, Gerhard Schröder, Freimut Duve und Michael Naumann, Wolfgang Thierse mit Klaus Staeck, Lothar de Maiziere, Christoph Stölzl und Thomas Börold

Klaus Bölling

Rede zur Eröffnung der »Ständigen Vertretung« in Hamburg

Sehr verehrte Damen und Herren, verehrte Kollegen und Kolleginnen, mein besonderer Gruß gilt den Jakobinern unter Ihnen. Ich könnte Sie im Sinne von Jürgen Habermas auch als Verfassungspatrioten anreden. Das ist ein treffliches Wort, aber leider etwas blutarm. Die Jakobiner, die waren der wichtigste politische Club der Französischen Revolution, wie sich jeder gebildete Gast am heutigen Abend zu erinnern weiß, es sei denn er ist auf dem Bildungsniveau jener jungen Reporterin einer kommerziellen Fernsehgesellschaft, die neulich erst in der Berliner SPD-Zentrale anrief und Herbert Wehner zu sprechen verlangte. Ein mit Witz begabter Genosse aus dem Pressereferat gab ihr zur Antwort: »Tut mir leid, aber Herr Wehner ist gerade in einem wichtigen Gespräch mit Franz Josef Strauß, da kann ich nicht stören.« Darauf die Reporterin: »Ach schade, ich versuch's nachher nochmal.« Gäste von solcher Ahnungslosigkeit werden in der »Ständigen Vertretung« nicht geduldet. Zurück zu den Jakobinern, das waren radikale Demokraten, und der radikalste von allen war fraglos Robespierre. Robespierre war bekanntlich allen irdischen Genüssen abgeneigt und hat solche Zeitgenossen, die nicht gleich seine Meinung teilten und auch nicht so tugendsam waren wie er, in großer Zahl auf die Guillotine befördern lassen. Die Nach-Wende-StäV in Berlin ist dagegen eine »befriedete Zone« und die in Hamburg wird eine werden. Hier fließt nicht Blut, hier fließt Kölsch! Man wird den Hamburgern nicht nachsagen wollen, daß sie verkappte Revolutionäre seien. Aber die berühmten Losungen »Liberté, Fraternité, Egalité« sind in dieser Stadt freundlich aufgenommen worden. Nur was die Gleichheit angeht, gibt es zwischen Elbchaussee und Wilhelmsburg noch gewisse Unterschiede. Aber keine Angst, Ortwin Runde ist kein Jakobiner! Jakobiner finden sich am ehesten noch in Bremen, aber auch an der Weser sind sie altersweise geworden.

Harald Grunert, Klaus Bölling, Friedel Drautzburg

Die »Ständige Vertretung«, die heute im Herzen der Hansestadt eröffnet wird, verdankt, wie Sie alle wissen, ihren Namen der eigentlichen, also der nun schon historischen StäV. Die wurde als Konsequenz des Grundlagen-Vertrages zwischen der Bundesrepublik und der DDR eingerichtet.

Ihre Aufgabe war es, das Zusammenleben zwischen den Deutschen zweier extrem unterschiedlicher Staats- und Gesellschaftsordnungen etwas leichter zu machen. Günter Gaus, ein Beinahe-Hamburger, hat sich in jener schweren Zeit ebenso Verdienste

erworben wie Hans Otto Bräutigam, und für eine Weile habe auch ich mich darum bemüht. Mit dem wunderbaren 9. November 1989 war die StäV überflüssig geworden. Die Deutschen in der DDR wollten sich jetzt selber vertreten. Und glücklicherweise ist kein Tropfen Blut geflossen.
Die Ständige Vertretung in der Hannoverschen Straße war viele Male der Zufluchtsort verzweifelter DDR-Bürger, die bei uns Asyl suchten und dadurch ihre Ausreise in die Bundesrepublik erzwingen wollten. Nahezu allen haben wir mit Hilfe des legendären Rechtsanwalts Wolfgang Vogel dabei helfen können. Ich muß an diese Zeit des Kalten Krieges mit allen menschlichen Nöten und Leiden erinnern, weil wir es heute mit einigen Nostalgikern zu tun haben, die aus der DDR-Diktatur einen gemütlichen Biedermeier-Staat machen wollen, in dem es halt nur ein bißchen streng zuging.
Die Wiedergeburt der Ständigen Vertretung als einer in der Republik bis heute einmaligen Politkneipe ist einem Mann zu danken, der vor sehr langer Zeit ein richtiger Jakobiner gewesen ist. Das ist Friedel Drautzburg, der im auf- und abwogenden Kampf um Berlin als Hauptstadt auf dem Marktplatz

Kurze Distanz

Zwischen meiner Bonner Heimat und Berlin liegt eine Flugstunde, zwischen meinem Schreibtisch und der »StäV« nur ein Häuserblock. Wenn die Zeit für ein Wochenende im Rheinland wieder einmal fehlt, kann ein Gang in die »StäV« das Heimweh etwas lindern.

Dr. Guido Westerwelle, Mitglied des Deutschen Bundestages, Bundesvorsitzender der FDP

Richtungswechsel

Früher war die Ständige Vertretung in Ost-Berlin ein Ort, den die Ostdeutschen besetzten, um in den Westen zu kommen. Daran hat sich nichts geändert – nur sind es heute die Westler.

Günter Nooke, stellvertretender Vorsitzender der CDU/CSU-Bundestagsfraktion

des schönen Bonn allwöchentlich mit der Unerbittlichkeit eines Robespierre gegen die Berlin-Partei verbale Blitze schleuderte. Weil wir Berliner aber nicht auf pfälzische Weise rachsüchtig sind, endete Drautzburg nicht wie Robespierre unter dem Fallbeil. Er wurde ein glorreicher Konvertit und ist als Botschafter des »Freien Rheinlands« im Osten und im Westen der Stadt wohlgelitten. Friedel Drautzburg gründete die »StäV« nur wenige hundert Meter vom Haus der realen Ständigen Vertretung entfernt, und das war eine Art Geniestreich. Seine »StäV« ist inzwischen, was die Hamburger »Ständige Vertretung« für die fortschrittlichen Geister an Alster und Elbe ganz sicher bald sein wird, nämlich ein Platz, an dem sich Männer und Frauen treffen, die sich nicht über Claudia Schiffers neue Boyfriends oder über Boris und Babs unterhalten wollen, sondern über die Zeit, in der wir leben, die darüber diskutieren, ob Schröder nun eher ein ›Genosse der Bosse‹ ist oder tief in der Brust ein aufrechter Jakobiner, ob die verehrungswürdige »Zeit« im Pressehaus am Speersort unter Michael Naumann aus den roten in die schwarzen Zahlen kommt und scharenweise junge Leser anzieht, oder die darüber spekulieren, ob Kai Dieckmann auf der Brücke der »Bild-Zeitung« das Blatt mehr im Sinne von Leo Kirch oder eher im Sinne von Friede Springer auf neue Auflagengipfel führen wird. Die »Ständige Vertretung« in Berlin ist zu einem Versammlungsort der Jünger des rheinischen Kapitalismus geworden. Der hat von Adenauer bis Schröder viel Gutes gestiftet und ist trotz mancher Mängel das gerade Gegenteil von jenem »Raubtierkapitalismus«, vor dem ein großer Sohn dieser Stadt, nämlich Helmut Schmidt, zu warnen nicht müde wird. In der »Ständigen Vertretung« trifft man alle Farben des politischen Spektrums, nur nicht schwarz-weiß-rot. Auch Ordo- und Neoliberale sind willkommen. Die Richtlinien der Politik werden unter dem Dach der »Ständigen Vertretung« – anders, als im Grundgesetz vorgesehen – nicht vom Bundeskanzler, sondern von den Gästen bestimmt. Ich wünsche unseren Gastgebern Claus und Gudrun Hübsch und Eleonore Koch angenehme und temperamentvolle Hanseaten ins Haus, unter ihnen viele Politiker und Journalisten. Die »StäV« könnte bald schon eine Nachrichtenbörse werden, bei der reinzuschaun vielleicht zwingend wird. Erlauben Sie noch ein bedächtiges, vielleicht etwas pathetisches Schlußwort: An welchem Platz kann man besser als in der Ständigen Vertretung immer auf's Neue den Umstand feiern, daß es nicht mehr zwei Deutschlands gibt, sondern nur noch eins? Vielen Dank für's Zuhören.

Mitten im Leben

Die »StäV« ist dort, wo die CDU gern hin möchte, aber nie ankommen wird: mitten im Leben!

*Dr. Peter Struck,
Vorsitzender der SPD-Bundestagsfraktion*

Claus Dieter Hübsch

Keine Kneipe – eine Institution!

Wie die »StäV« von Berlin nach Hamburg kam

Ein großer Mann aus Ulm hat einmal gesagt: »Alles was Menschen sich vorstellen können, das können sie auch erreichen.«
Man könnte glauben, Albert Einstein habe mit am Tisch gesessen, als in Berlin hochkarätige Meetings einberufen wurden, um der Frage nachzugehen: Kann man eine »Ständige Vertretung« außerhalb Berlins erfolgreich betreiben? Beispielsweise in Dresden, Sarbrücken, Hannover – oder Hamburg? Das Ergebnis-Statement dieses Meetings war unmißverständlich: Man kann die geniale Geschäftsidee der »Ständigen Vertretung« systematisieren und multiplizieren! Nur: Man muß es zunächst einmal an einem neuen Standort ausprobieren. Testen, Geld bewegen, Risiken eingehen – das ist letztendlich immer der Job eines Gastronomie-Betreibers, dem schwächsten Glied in der Kette. In Zahlen ausgedrückt heißt das: viel Geld einsetzen und nicht wissen, ob es über die Wupper geht. Später, wenn's geklapt hat, gibt es viele Väter des Erfolgs.
Doch der Reihe nach. Wie kam die »Ständige Vertretung« von Berlin nach Bonn – und wo könnte sie sonst noch das Licht der Welt erblicken? Ich saß im ICE von Hamburg nach Berlin. Mein Auftrag: Ein Interview in der »Ständigen Vertretung« zu führen und ein Video zu drehen, damit die Jury des

Vergleiche

Was für Moses
  das gelobte Land
für Kolumbus
  Amerika
für die Kameltreiber
  die Oase
für die Eskimos
  der Iglu
für die Indianer
  der Wigwam
für die Hunde
  die Hütte
für die Vögel
  das Nest
für die Füchse
  der Bau
für die Kühe
  der Stall
für die Bären
  die Höhle
für den Seemann
  der Hafen
für die Raumfahrer
  die Mir
für den Bauern
  die Scheune
für den Frommen
  die Kirche
für Models
  der Laufsteg
für die Filmschauspieler
  Hollywood
für die Mafia
  Neapel
für die Maurer
  das Gerüst
für die Holzfäller
  der Wald
für die Akrobaten
  das Netz
für die Politiker
  die Wahlversammlung
ist,
das ist für die Rheinländer im ›Ausland‹
  die »Ständige Vertretung«

Dr. Norbert Blüm, Mitglied des Deutschen Bundestages

Ne joode Laden

Dat is ne joode Laden he ...

Wolfgang Niedecken, Sänger der Rockgruppe BAP

Reim' dich ...

Das Essen schmeckt,
der Krach verdeckt,
was wer am Tische vielleicht heckt
und manche finstren Ränke.

Friedhelm ist Kult,
Haralds Geduld –
das bringt die bundesweite Huld
in diese tolle Schänke.

Wibke Bruhns, Journalistin

Vertikale

Ich wohne oben, und die (»StäV«) unten ...

Angela Winkler, Schauspielerin

Kurz gefaßt
Exerzierplatz auf rheinisch!

Norbert Bicher, Pressesprecher der SPD-Bundestagsfraktion

»Ich bin ein Rheinländer« oder: ›Schwarze‹ unter sich

Über die »Ständige Vertretung« hatte ich schon viel gehört und gelesen. Schließlich schwärmen alle – mehr oder weniger freiwillig – emigrierten Rheinländer von dem guten Kölsch und der tollen Atmosphäre dieser Kneipe. Doch bisher gab es für mich noch keine Gelegenheit, mal persönlich vorbeizuschauen. Dies änderte sich im Juni 2001, als ich mich auf einer Dienstreise in der Hauptstadt befand. Da habe ich nicht lange gezögert und der »StäV« einen Besuch abgestattet. So schnell werde ich meinen Aufenthalt dort nicht vergessen: Als die Bedienung kam, mußte ich ein wenig lächeln – vor mir stand ein netter farbiger Kellner mit einem T-Shirt »Ich bin ein Rheinländer«, der mir ein kühles Kölsch servierte. Schnell merkten wir ›Schwarzen‹, wie gut wir uns verstehen und tranken auf Köln und das Rheinland.

Fritz Schramma, Oberbürgermeister der Stadt Köln

Wahre Botschaft

In nur vier Jahren ist die »Ständige Vertretung« das geworden, was eine wahre Botschaft ausmacht: Die »StäV« schlägt erfolgreich die Brücke zwischen Ost und West, zwischen Jung und Alt. Berliner Schnauze und rheinischer Frohsinn, gepaart mit hervorragender Qualität und unschlagbarem Service, haben die »StäV« zu einer Institution gemacht, die weit über die Grenzen der Hauptstadt hinaus ihre treue Fangemeinde hat.

Dr. Erich Kaub, Präsident des Deutschen Hotel- und Gaststättenverbandes

Herforder Preis

Deutscher Kneipenoscar

Für die herausragende persönliche Leistung und den außerordentlichen gastronomischen Erfolg wird

Friedel Drautzburg
Harald Grunert

mit dem Preis

Konzept des Jahres 1999

ausgezeichnet.

Die Jury

Gretel Weiß
Deutscher Fachverlag

Roswitha Schneider
essen & trinken

Wolfgang Habedank
Gastgewerbe aktuell

Hans J. Nikenich
Gastrotel

Dr. Erich Kaub
Deutscher Hotel- und Gaststättenverband e. V.

Udo Röbel
BILD Zeitung

Ulrich Jungk
Matthaes Verlag

Klaus Hartwig
Brauerei Felsenkeller Herford

Marcollino Hudalla
Marcellino's Restaurant Report

Herford, den 23. September 1999

»Herforder Preises« – dem bedeutendsten Gastronomie-Preis in Deutschland – aus jeweils drei nominierten Gastronomen der Kategorien »Wirt des Jahres«, »Wirtin des Jahres« und »Konzept des Jahres« die Sieger ermitteln konnte. Mein Gespräch mit Friedel Drautzburg und Harald Grunert war ein journalistisches Schmankerl.

Witzige und tiefsinnige Gedanken wechselten sich ab mit professionellen und handwerklichen Erkenntnissen. Ein philosophisches Glanzlicht, und ein emotionales dazu. Drautzburg lief wie so oft zu rheinischer Hochform auf. Etwas von Männerfreundschaft lag in der Luft. Wir kannten uns aus den frühen neunziger Jahren, als ich noch Referate und Seminare hielt und als Erfinder der Erlebnisgastronomie über's Land und durch die Talk-Shows zog. Das Interview war geprägt von dem rheinischen Gastronomie-Motto: »Wenn wir schon leben müssen, dann wenigstens gut!« In dieser Formel liegt sozusagen die Garantie, Gäste, Kunden – Menschen glücklich machen zu wollen. Eben auf rheinische Weise, mit »Himmel un Ääd«, »Halvem Hahn«, »Kölsch Kaviar« und natürlich mit Kölsch – bis zum Verlust der Muttersprache.

Das Gastronomie-Erlebnis einer Region in Deutschland, ihrer Speise- und Trinkkultur, ihres Lebensgefühls. Vergleichbares kannte man bis dato nur aus Bayern. Von einer anderen Region, die ein eigenständiges Lebensgefühl gastronomisch rüberbringen könnte, war noch nicht die Rede – bis jetzt ...

Kurzum: Die gastronomischen Inhalte, in Verbindung mit den charismatischen, urgesteinigen Betreibern Drautzburg und Grunert und deren politischer Botschaft, vernetzt mit dem rheinischen Lebensgefühl – die Jury des

Nagel im Pudding

Die »StäV« ist wie der Nagel im Pudding: Notwendig, aber nicht für jeden bekömmlich.

Dirk Brouër, Staatssekretär

»Herforder Preises«, der auch »Gastronomie-Oscar« genannt wird, hatte eigentlich keine Wahl. Die Auszeichnung in der Kategorie »Bestes Konzept« ging 1999 an die »Ständige Vertretung«, Berlin. Die Fernsehkameras rissen sich um Drautzburg und Grunert, die Presse war voll mit Meldungen zur Erfolgsstory der »StäV«. Und die beiden Macher holten immer neue Bon(n)mots aus dem Köcher: »Et hätt noch immer jot jejange!« oder »Et kütt wie et kütt!« ... Da standen sie nun ganz oben auf dem Pidestal des Erfolgs. Was will das Unternehmerherz mehr?

Doch just an dieser Stelle wurde deutlich, daß Drautzburg und Grunert eben nicht nur Gastronomen, sondern wirkliche Unternehmer sind. Denn der Unternehmer heißt Unternehmer, weil er etwas unternimmt – sonst hieße er ja Unterlasser.

Wenn also das »StäV«-Konzept auch woanders funktionieren könnte, wie die Fachleute ja befunden hatten, so war uns, den Interessenten für den nächsten Standort eines von Anfang an klar: Da wir in Hamburg leben, mußte die erste Dependance der »Ständigen Vertretung« in Hamburg aus der Taufe gehoben werden, damit wir bei diesem Pilot-Projekt immer ganz dicht dran sein konnten. Außerdem waren wir der Überzeugung: Wenn die »Ständige Vertretung« in Hamburg funktionierte, bei den coolen und reservierten Hanseaten, dann müßte sie eigentlich in der ganzen Republik funktionieren. Also suchten wir nach einem geeigneten Standort im sogenannten politisch relevanten Umfeld. Das konnte nur zwischen Binnenalster und Hafen sein, denn hier liegt das Rathaus, die Senatsinstitutionen, der gesamte ›Politische Pudding‹. Natürlich war nichts frei, wir liefen vor eine Wand. Dann kam aus der politischen Ecke der entscheidende Tip: »Schreiben Sie doch dem Wirtschaftssenator und teilen ihm mit, daß die ›Ständige Vertretung‹ nach Hamburg kommen möchte und daß Sie ca. dreißig Arbeitsplätze mitbringen.« Gesagt, getan. Der Senator – bekennender Fan der »Ständigen Vertretung« in Berlin – schaltete einen Senatsdirektor ein, und dieser hatte eine große Idee. Rund vier Monate später, im Dezember 2000, öffnete die erste »Ständige Vertretung« außerhalb Berlins – ohne 40.000 Rheinländer aus der politischen Administration, ohne rheinische Betreiber-Persönlichkeiten, die sich in den Medien und in Bonn bereits einen Namen gemacht hatten. Ohne all diese scheinbar unverzichtbaren Parameter für den wirtschaftlichen Erfolg eben dieser Polit-Gastronomie, sondern einfach nur als »Ständige Vertretung« mit einer gewissen Medien-Reputation, einem glaubwürdigen politischen Spirit und einer starken Botschaft: Brasserie des Rheinlands in Hamburg. Mit Gesichtern und Geschichten von Persönlichkeiten, die unser Land geprägt haben – von Adenauer über Brandt zu Schmidt und Honecker bis hin zu Schröder – und auch der vielen bedeutenden politischen ›Kanalarbeiter‹ dazwischen. Ein interessantes Konzept, sowohl für diejenigen, die diese Geschichte selbst miterlebt haben, wie auch für die Jüngeren, die sie in der »Ständigen Vertretung« erleben und nachvollziehen können. Die auch in Berlin typische Gäste-Klientel bevölkerte auch die neue »Ständige Vertretung« in Hamburg: Menschen aus Politik, Kunst, Kultur, Medien, aus der Nachbarschaft und Flaneure, Neugierige und Genießer, ohne daß eine Generation überwiegt. Alle zusammen machen das Lokal Tag für Tag und Nacht für Nacht zu einem angesagten Kommunikations-Treffpunkt. Der Erfolg ist nicht mit dem von Berlin vergleichbar – das konnte er nie sein. Aber für Hamburg ist er spektakulär. Nie zuvor waren hier in so kurzer Zeit so viele prominente Zeitgenossen in einem Lokal. Nie zuvor war hier ein Lokal in so kurzer Zeit nachweislich so bekannt und beliebt. Und das, obwohl man hier ›exotisches‹ Bier verkosten muß, das bisher noch kaum jemand in der Hansestadt getrunken hatte: Gaffel-Kölsch.

Inzwischen gibt es Anfragen aus verschiedenen Landeshauptstädten, ob nicht auch sie eine »Ständige Vertretung« bekommen könnten. Nun, wenn alles klappt, wird als nächstes eine »StäV« in Hannover eröffnen – direkt neben dem Rathaus und dem Landtag. Nun, die »Ständige Vertretung« in Hamburg hat der ehemalige Leiter der Ständigen Vertretung der Bundesrepublik Deutschland in Ost-Berlin, Staatssekretär Klaus Bölling, mit einer flammenden Rede eröffnet.

In Hannover sieht es ganz so aus, als hielte ein Bundeskanzler die Eröffnungsansprache. Wann hätte es das je gegeben, daß ein Kanzler eine Kneipe eröffnet!? Aber die »Ständige Vertretung« ist ja gar keine Kneipe. Sie ist nach vier Jahren bereits eine Institution.

Anfang und Ende

*Die »Stäv« ist für mich das Letzte,
weil, da schau' ich immer noch
als Letztes rein. Aber nicht immer –
manchmal auch als Erstes.*

Dr. Gerhard Hofmann, Chefkorrespondent
des RTL Hauptstadtstudios

PRESSESTIMMEN

EINE AUSWAHL ...

1997 – 2001

»Friedel ist da. Nun hat der Umzug wahrhaftig begonnen.«
Der Tagesspiegel, 7.8.1997

* * *

»Friedel Drautzburg, Mitstreiter von Grass' ersten Werbefeldzug für die SPD und legendärer Bonner Politwirt, richtet sich in Berlin ein. Gemeinsam mit Harald Grunert eröffnet Drautzburg, der immerhin die ›Ja-zu-Bonn‹-Bürgerinitiative begründete, am Schiffbauerdamm demnächst eine Kneipe: ›Ständige Vertretung – Rheinisch-Berliner Wirtschaft‹. Manche politische korrekte Bonner klagen jetzt über Verrat. Ganz im Gegenteil. So sind sie, die Rheinländer. Tausend Unterwandererstiefel!«
Bonner Bühne, 8/1997

* * *

»In Berlin wird die Bonner Neuerwerbung wie ein großer Etappensieg gefeiert. Plötzlich ist der Gastronom als Kronzeuge des Wandels eine gefragte Person der Zeitgeschichte.«
Der Spiegel, 37/1997

»Die ›Ständige Vertretung‹ ist natürlich nicht irgendeine Kneipe, sondern ein ›Politisches Lesebuch‹ ..., es soll sich die politische Geschichte der vergangenen Jahrzehnte wiederfinden.«
AFP, 7.9.1997

* * *

»Das ausgefallenste, was die Stadt im Moment zu bieten hat, ist die ›Ständige Vertretung‹.«
B.Z., 17.10.1997

* * *

»To be sure, some Bonners look foreward to moving to a more exciting city. Others are simply giving in. Friedhelm Drautzburg, a local restaurant owner who foundet a protest group against the move recently defected from the cause by opening a bar in Berlin. ›Berlin may get the gouvernment but it won't get all my customers on top of it,‹ he says with grim determination.«
The Wall Street Journal, 1997

* * *

»»Mer losse de Dom in Kölle‹. Drahtlos? Mund halten und leise zuhören, auch wenn es eine Berliner Schnauze ist.

Dat jitt et doch jarnich. Doch. Das ist die Berliner Luft. Paul Lincke würde mutmaßlich im Grabe rotieren, wenn er noch mitbekommen hätte, was man an der Spree den ›Bläck Fööss‹ antut. Karnevalsmusik via Infrarot-Empfänger Sennheiser EKI 1019-6 mit Kopfhörer zum Stückpreis von 350 Mark.«
Bonner General-Anzeiger, 19.2.1998

* * *

»Grunert: Der Rheinländer an sich, bei dem der ›Bazillus carnevalis‹ genetisch veranlagt ist, wird hier infizieren – eine Mission mit viel Spaß an der Freud. Das könnte eine Berliner Identitätskrise geben, auch weil Rheinländer in puncto Karneval sehr selbstbewußt auftreten.«
Berliner Morgenpost, 23.2.1998

* * *

»Ein Karnevalszug, der in der ›StäV‹ endet? Keine Politik? Schon mal was vom ›Buuredanz‹ gehört? ›Arsch huh, Zäng ussenander‹, keine Politik? Man hat's schon im Ohr: Mensch Diepgen, ›die Karawane zieht weiter, der Sultan

häät Duursch‹. Schröder, ›emal Prinz zu sinn‹. Bonn kommt nach Berlin. Der WDR probt schon, wenn's klappt, gibt's wirklich Kulturkrieg. Pänz, die Berliner Republik hat ihre Rechnung ohne den Wirt gemacht.«
Die Zeit, 26.2.1998

∗∗∗

»King Kölsch: Politiker ziehen von Bonn nach Berlin. Ihre Kneipe ist schon da: Promi-Wirt Friedel Drautzburg missioniert die neue Hauptstadt mit rheinischer Trinkkultur.«
Die Woche, 9.7.1999

∗∗∗

»Ma l'àncora di salvezza è pronta, almeno per il Palazzo: a un passo dal Berliner Ensemble, il teatro di Brecht, Friedel Drautzburg, ex ribelle studentesco di Bonn, ha aperto il locale della nostalgie."
La Repubblica, Rom, 7/1999

∗∗∗

»Es bleibt einem ja nichts anderes übrig, sonst bekomme ich doch nichts mit«, rechtfertigt ein Korrespondent seine Anwesenheit. Er hatte in Bonn noch lauthals verkündet, daß er die Berliner Wesensart erkunden und die rheinische Kneipe meiden werde. Nun ißt er an der Spree Reibekuchen und trinkt Kölsch.«
Kölner Stadtanzeiger, 28.7.1999

∗∗∗

»Schröder & Co., alle waren sie schon da. Die Minister, Staatssekretäre, Lobbyisten, entwurzelten Rheinländer. Viele blieben, als Stammgäste. Hier stillen sie Heimweh und Durst. Doch Polit-Wirt Friedel Drautzburg spricht grundsätzlich nicht über seine Gäste: »Unser wichtigster Service ist Diskretion.«
Berliner Zeitung, 28.8.1999

∗∗∗

»Wie Bonn mist, zoals de duizenden ambtenaren die deze zomer de vroegere hoofdstad moeten verlaten, en Rijnlandse gezelligheid zoekt, schuift aan in de Ständige Vertretung; een stukje Rijnland midden in Berlijn.«
Elsevier, Niederlande, 8/1999

∗∗∗

»De café-ruimte is volgestopt met memorabilia uit Bonn: de stoel van CDU'er Jakob Kaiser uit de eerste Bondsdag, posters van de vergeefse actie tegen Berlijn, en een foto van een Funkenmariechen, een Rijnlandse carnavalsmajorette, in spagaat op de kabinetstafel waarachter Helmut Schmidt zit.«
De Volkskrant, Niederlande, 6.9.1999

∗∗∗

»Ihre Bemerkung in der ›Berliner Zeitung‹ ist wohl ein Hohn!!! Wir Bürger sollen dankbar sein für das innerdeutsche Multi-Kulti?!!!! Wie das? die Besserwisser und vor allem Wichtigtuer sitzen doch schon abgeschirmt in Ihrer Kneipe, wo sie bloß keinen Kontakt zu den dummen Ossis bekommen. Ins Gespräch kann man mit solchen Leuten gar nicht kommen. Sie sind gar nicht bereit dafür. Dafür sollen wir dankbar sein, nein Danke! Die Meinung eines noch hier lebenden Ossis.
Leserbrief, 10.9.1999

∗∗∗

Saksan liittohallitus on muuttamassa Bonnista Berliiniin. Kaksi bonnilaista kapakoitsijaa päätti muuttaa mukana. Friedel Drautzburg valloittaa nyt yhdessä kumppaninsa Harald Grunert in kanssa Berliiniä ja opettaa preussilaisille elämäntapoja. Herrojen kapakassa keskellä Berliiniä voi tavata myös narreja, ainakin karnevaalien aikaan.
Iltalehti, Helsinki, 20.10.1999

∗∗∗

»Kleine Kölner gegen ›Jeföhlselend‹. Eine Rheinisch-Berliner Karnevalsgesellschaft möchte Humor-Heimat der Bonner sein.«
Der Tagesspiegel, 27.10.1999

„Sa. 24.7., „Ständige Vertretung", zw. 20.30 u. 21.30 Uhr, suche nettaussehenden Mann in unglaublich zitronengelbem Hemd, versuchte Augenblicke, war aber einen Tick zu feige – leider."
Kontaktanzeige, *Zitty,* 17/1999

»Sehr geehrter Herr Drautzburg! Leider gibt es in jeder Stadt Idioten. Schließen Sie von den Graffiti-Sprayern bitte nicht auf alle Berliner. Fast ganz Berlin heißt alle Bonner herzlich willkommen. Ich gehöre dazu.«
Postkarte an die »StäV«, 3.11.1999

»Ganz einfach ›Schröder‹ stand am Sonntag im Bestellbuch der ›Ständigen Vertretung‹. Schröder wie Gerhard Schröder. Am Tisch fanden sich dann zur Mittagszeit auch der Bundespräsident Johannes Rau, und Ehefrau Christina sowie Wolfgang Clement ein. Nicht einfach so. Es gab etwas zu feiern. Den 69. Geburtstag von Rau. Jedoch wurde nicht, wie in der ›StäV‹ üblich, mit Kölsch angestoßen. Köstritzer Pilz benetzte die Kehlen. ›Ich komme nur zu Dir, wenn es etwas anderes als Kölsch gibt‹, flachste Rau einst mit Friedel Drautzburg. ›Man muß tolerant sein‹, lachte der ›StäV‹-Chef. ›Hauptsache unsere Gäste fühlen sich wohl.‹ Müssen sie wohl. Schließlich war die Geburtstagsrunde nicht das erste Mal da. **Berliner Morgenpost,** 1/2000

»Alle kommen sie hierher, heute und morgen wieder, garantiert. Ein angenehmer Ort, ein wunderlicher Ort, jetzt mehr denn je seit der Eröffnung Ende 1997. Ein Ort, über den seither so viel geschrieben und gesendet wurde, dass es einem schon angst und bange werden kann. Mehr unbezahlte Werbung war nie. (...) Die Brasserie hat sich für den Bonner Klüngel zur Nachbarschafts-, Job- und Wohnungsbörse entwickelt. Vor allem aber ist sie zur Heimat geworden.«
Kölner Stadt-Anzeiger, 22./23. 07. 2000

»Harter Kampf um's Terrain der Fröhlichkeit: Die Umzügler trauen den Berliner nichts zu. Gar nichts? Nein. Sie geben der Hauptstadt eine Chance: den Karneval!«
Berliner Zeitung, 11/2000

»›StäV's‹ *meny vittnar om varifrån ägarna kommer. De kallar sig Rhenlandets repränsentation i Berlin och utövar glatt diplomati genom att även erbjuda rätter ur det berlinska köket, vad det nu kan vara. Gästerna sitter längs långbänkar – det är ju genom att möta varandra tyskarna ska återförenas. ›Hit kommer alla‹, förklarar Grunert stolt, ›från journalister till ministrar ned livvakt. Kommer manin här känner man garanterat någon.‹«*
Kultur & Liv, *Stockholm,* 1/2001

»Es waren, liebe Berlinerinnen und Berliner, vor einem Jahr winzige Zeichen in Ihrer ziemlich großen Stadt nicht zu übersehen. Jene einzelnen Luftschlangen zum Beispiel, an der Rolltreppe bei Wertheim, welche unmerklich tänzelten zu den verstohlen aufgelegten rheinischen Schunkelstückchen. Zufällig des Wegs kommende, ehedem linksrheinische Neubürger hielten sich bedeckt. Sie wußten: Ihre Zeit würde kommen; aber wohl nicht so bald? Die Größe der Aufgabe – dreieinhalb Millionen preußische/russische/türkische Frohsinnsfeinde – ließ einen Zeitraum von Jahrzehnten angemessen erscheinen, den Geheimplan zu verwirklichen. Wer aber hätte sich vorzustellen gewagt, daß, ausgehend von der konspirativen Zelle des zutiefst rheinisch gesinnten Lokals ›Ständige Vertretung‹, im Jahre 2001 der erste berlinische Kanevalszoch die Linden okkupieren würde?«
Streiflicht, Süddeutsche Zeitung, 2/2001

✳✳✳

»Carnaval á Berlin ... palmiers en Alaska: La ›StäV‹: un célèbre bistro, au bord de la Spree, où se retrouvent nostalgiques du Rhin, touristes, mais aussi, assurent les patrons, de plus en plus de Berlinois, amateurs de Kölsch, la petite bière de Cologne. ›Les Berlinois aiment bien faire la fête. Je suis sûr que le carnaval peut avoir une chance de prendre ici‹, parie Harald Grunert.
Liberation, Paris, 2/2001

✳✳✳

»**Für die Idee, heimwehkranken Rheinländern im fremden Berlin ein Stück Geborgenheit zu geben, wurden Drautzburg und Kompagnon Harald Grunert auch bereits mit dem Kneipen-Oscar ausgezeichnet.**«
Kölner Stadt-Anzeiger, 2/2001

»Die ›Ständige Vertretung‹ am Schiffbauerdamm in Berlin ist mittlerweile die Polit-Kneipe in Deutschland. ... Das Konzept einer ›politischen Gaststätte‹ auf der Grundlage einer rheinisch geprägten Gastronomie ging von Anfang an auf. Die Privatbrauerei Gaffel trägt das Konzept seit Jahren und bringt mit ›Gaffel Kölsch‹ rheinische Bierkultur an die Spree.«
Gastronomie, 5/2001

✳✳✳

»Kaschuba hat ein schönes Beispiel für die in der Hauptstadt unübliche rheinische Kontakfreudigkeit parat: Die »Ständige Vertretung« ist rappelvoll, der Professor und ein Kollege wollen essen, doch kein einziger Tisch ist mehr frei. ›Da winkt uns jemand an seinen Tisch‹, erzählt Kaschuba. ›Die Berliner sind eher froh, wenn leere Plätze neben ihnen auch leer bleiben. Sie würden sie kaum von sich aus anbieten.‹ Irgendwie müßten die Berliner den Bonnern sogar dankbar sein, glaubt der Professor. Geben sie doch ein gutes Fremdbild ab – für alle Berliner.«
Handelsblatt, 13./14.7.2001

✳✳✳

»Wer gehofft hatte, die Rheinländer würden sich schon den Berliner Lebensumständen anpassen, und den Karneval am Rhein feiern, den hat die Wirklichkeit längst eingeholt. Berlin ist zu einer neuen Karnevalshochburg geworden.«
Berliner Zeitung, 26.7.2001

✳✳✳

»Längst ist das Ecklokal als Treff für die Journaille, das Polit- und Businessvolk etabliert. Wenn in den umliegenden Ministerien die Aktenschränke abgeschlossen sind, ist bei Drautzburg kein Tisch mehr frei.« **Capital,** 15/2001

✳✳✳

»Liebe Besucherinnen und Besucher der StäV!

Sie sind heute hier, um Karneval zu feiern. Anders als bei Ihnen in Köln oder Düsseldorf, darf Ihr Wirt in der ›Ständigen Vertretung‹ die Musik heute nicht ›aufdrehen‹. Wir, die Nachbarn der ›Ständigen Vertretung‹, bedauern die Situation außerordentlich.

- Wir haben kein Verständnis für den juristischen Kleinkrieg gegen die ›Ständige Vertretung‹.
- Wir stellen klar: Der juristische Kleinkrieg ist das Werk einzelner Anwohner.
- Die Mehrheit der Bewohner Albrechtstraße/Schiffbauerdamm steht auf Ihrer Seite!
- Bitte lassen Sie sich – trotz der Auseinandersetzung wegen angeblich zu lauter Musik – nicht die Stimmung vermiesen.
- Wir entschuldigen uns bei allen unseren rheinischen Freunden.

Ihre Bewohner der Albrechtstraße/
Schiffbauerdamm.«

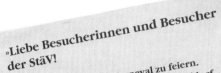

Zu den Autoren

Konrad Beikircher, Kabarettist, Cantantore, Autor. Nach Schulbesuch in Bruneck und Bozen (Italien) Studium der Psychologie, Philosophie und Musikwissenschaften in Wien und Bonn, Hauptdiplom Psychologie. 1971-86 Psychologe im Justizvollzugsdienst (Jugendknast Siegburg), zuletzt Ober-Regierungs-Rat. Das Quittieren des Staatsdienstes erfolgte in der Überzeugung, daß man nicht sein Leben lang Beamter sein könne. Beikirchers musische Laufbahn, die in jungen Jahren mit dem Erlernen diverser Instrumente begann und im Alter von fünfzehn Jahren in der Gründung der ersten Twist- und R&B-Band Südtirols einen ersten Höhepunkt fand, wurde nach Beendigung der Knastarbeit fortgesetzt.

Dr. Elisabeth Binder arbeitet als Redakteurin für besondere Aufgaben beim Tagesspiegel. Den Prozess der Hauptstadtwerdung hat sie mit Reportagen und Portraits intensiv begleitet. Um ein Haar hätte sie Friedel Drautzburgs Lokalitäten schon früher kennengelernt. Mitte der achtziger Jahre mußte sie die Entscheidung zwischen zwei Jobangeboten füllen, einem, das sie nach Bonn und einem, das sie nach Berlin rief. Sie entschied sich für Berlin mit der (voreiligen) Begründung: Nach Bonn kann man immer noch gehen.

Klaus Bölling, 1947-74 Journalist für verschiedene Presse- und Rundfunkanstalten, 1973/74 Intendant von Radio Bremen. Danach bis 1980 als Staatssekretär Chef des Presse- und Informationsamtes der Bundesregierung und – wie noch einmal 1982 – Regierungssprecher. Von Februar 1981 bis April 1982 war Klaus Bölling Leiter der Ständigen Vertretung der Bundesrepublik Deutschland in Ost-Berlin.

Tissy Bruns, geboren in Sachsen-Anhalt, aufgewachsen in Schleswig-Holstein, Niedersachsen und Hamburg. 1975-77 zum ersten Mal Rheinländerin, mit ständigem Hamburg-Heimweh. Nach Umzügen zwischen Bonn, Hamburg und Köln ab 1988 Bonnerin mit wachsender Zuneigung zum rheinisch-katholischen Naturell. 1999 mit Familie und allgemeinem Umzugstroß nach Berlin übergesiedelt. Seit 1991 Parlamentskorrespondentin in Bonn, zunächst für die »tageszeitung«, dann für den »Stern«, die »Wochenpost«, den »Tagesspiegel« und seit April 2001 für »Die Welt«. Seit 1999 – als erste Frau in der fünfzigjährigen Geschichte – Vorsitzende der Bundespressekonferenz, dem Zusammenschluß aller Parlamentskorrespondenten. Tissy Bruns ist verheiratet und hat einen vierzehnjährigen Sohn.

Prof. Dr. Laurenz Demps, Historiker an der Humboldt Universität zu Berlin, zahlreiche Veröffentlichungen zur Berliner Stadt- und Kulturgeschichte.

Friedhelm (Friedel) Drautzburg, geboren in Wittlich/Eifel. Studium der Philosophie, Psychologie und Kunstgeschichte in Hamburg, der Pädagogik in Dortmund und der Rechtswissenschaften in Köln und Bonn. 1967-69 hauptamtlicher Bundesgeschäftsführer des sozialdemokratischen Hochschulbundes SHB, 1969 Gründungsmitglied der Sozialdemokratischen Wählerinitiative für Willy Brandt, 1969-71 wissenschaftlicher Assistent des Bundestagsabgeordneten Dr. Dietrich Sperling, daneben Gründer der ersten Bonner Szene-Gaststätte »Schumannklause«. 1971 Wahlkampf für die SPD Rheinland Pfalz, 1971-73 Aufbau der Galerie »Argelander« (mit Zero-Kunst), 1973 Wahlkampf für die SPD mit Günter Grass. 1975-86 Gründung von insgesamt vierzehn Lokalen in Bonn (u.a. »Tee- und Weinhaus«, »Elsässer Weinstuben«, »Amadeus«), 1994 Hotel Accent mit Rizz em Veddel Köln, im Vorstand der Initiative »Ja zu Bonn!«. Im September 1997 Mitbegründer der »Ständigen Vertretung« in Berlin.

Rolf Eden, Lebemann, Gastronom, Playboy, liebt die Frauen, Musik, schöne Autos, alles Sinnliche und reist gern. 1957 Gründung seines ersten Lokals »Old Eden«, das erstes Erlebnis-Nachtlokal weltweit. 1959 eröffnete sein »Quick Automaten Buffet« im heutigen Wertheim am Ku'damm. 1961 Gründung des

»New Eden«: ein Kabarett mit Shows à la »Crazy Horse« in Paris, das literarische Kabarett »Schlüsselloch« folgte 1965. Seit 1967 Betreiber der »Discothek BIG EDEN«, die bis heute über 12 Mio. Gäste besucht haben. Seit 1977 ist Rolf Eden auch in der Immobilienbranche erfolgreich, er wirkte in in ca. 15 Spielfilmen mit und hat eine CD herausgebracht.

Dr. Horst Ehmke, war jüngster deutscher Professor für öffentliches Recht und Staatsrecht an der Universität Freiburg, bevor er in der großen Koalition unter Kanzler Kiesinger Justizminister wurde. Im Kabinett des Bundeskanzlers Willy Brandt war Ehmke Kanzleramtsminister und stellvertretender SPD-Fraktionsvorsitzender. Sein Buch »Mittendrin« gilt als Biographie dieser Epoche.

Karl Garbe, Publizist, nach Tätigkeit als Verwaltungsangestellter und Kommunalbeamter sowie u. a. als Redakteur des SPD-Vorstandes und Vorsitzender des Ausschusses für Unterhaltung beim ZDF war er 1969-83 Herausgeber der Zeitschrift »Esprit«, seit 1979 Chefredakteur der Zeitschrift »mdb-Magazin«, seit 1991 des »Kabinett-Journals«. Seit 1975 Geschäftsführender Gesellschafter der Fernsehproduktionsgesellschaft TELECOM. Zahlreiche Buchpublikationen. Karl Garbe wurde mit dem Bundesverdienstkreuz und dem Jacques Offenbachpreis der Freien Volksbühne ausgezeichnet.

Günter Gaus, Programmdirektor des Südwestfunks, Autor der TV-Reihe »Zur Person«, deren 100. Sendung 2001 in der »Ständigen Vertretung gefeiert wurde. 1974-81 war Günter Gaus Leiter der Ständigen Vertretung der Bundesrepublik Deutschland in Ost-Berlin, später Chefredakteur des Nachrichtenmagazins «Der Spiegel«. Autor zahlreicher Bücher.

Harald Grunert, nach Studium der Sozialarbeit zwölf Jahre Sozialarbeiter in der Heimerziehung in Bonn. 1977 Begründer der ersten alternativen Bonner Stadtzeitung «De Schnüss«, 1981 Beginn der gastronomischen Tätigkeit in Bonn – zunächst als Kellner bei Friedel Drautzburg. Ab 1982 selbständiger Bonner Gastronom mit sieben Lokalen. Insbesondere »Grunerts Nachtcafé« war über zehn Jahre hinweg eine Bonner Institution. Im September 1997 Mitbegründer der »Ständigen Vertretung« in Berlin, 1999/2000 Karnevalsprinz in Berlin und 2001 Initiator des ersten Berliner Karnevalsumzugs.

Dr. Helmut Herles, aufgewachsen in Thüringen (damals DDR) und Hessen. Chefkorrespondent und zuvor zehn Jahre lang Chefredakteur des »General-Anzeiger« Bonn. Davor langjähriger Korrespondent der »Frankfurter Allgemeinen Zeitung« in Bonn, drei Jahre für die »Süddeutsche Zeitung« in Frankfurt a.M. und zwei Jahre für die leider eingestellte Wochenzeitung »Publik« in Rom. Daneben Buchautor.

Claus Dieter Hübsch, nach Studium zum Kommunikationswirt in Berlin geschäftsführender Gesellschafter mehrerer mittelständischer Werbeagenturen, Erfinder der sog. Erlebnis-Gastronomie (1981) sowie der Systematisierung der getränkegeprägten Gastronomie in Deutschland, bis 1993 mit 60 Betrieben größter Getränke-Gastronom der Bundesrepublik. Daneben ist Hübsch Fachbuchautor und Kolumnist, Referent, Seminargestalter und Unternehmensberater für die internationale Dienstleistungs-Industrie, Gastronomie und Hotellerie. Seit Dezember 2000 Geschäftsführer der »Ständigen Vertretung« in Hamburg.

Rolf Kampmann, Studium der Geschichtswissenschaft, danach langjähriger Mitarbeiter bei dem Abgeordneten Horst Ehmke in Bonn. Heute ist er als selbständiger Berater und Kaufmann in der freien Wirtschaft (insbesondere Bonn/Berlin, Ost/West) tätig.

Dr. Richard Kiessler, Chefredakteur der »Neue Ruhr – Neue Rhein Zeitung«, 1978-93 Korrespondent des Nachrichtenmagazins »Der Spiegel« in Bonn, Co-Autor des Buches »Ein runder Tisch mit scharfen Ecken – der diplomatische Weg zur deutschen Einheit«.

Thomas Koschwitz, bestand 1975 eine Sprechprüfung des HR zum Nachrichtensprecher und war damit der jüngste in der ARD. Daneben arbeite er als Morgenmoderator für HR1. Richtig bekannt wurde er in Hessen ab 1981 als Gründungsmitglied der Popwelle HR3. Bundesweite Bekanntheit erlangte er 1994, als er für einige Monate die Vertretung Thomas Gottschalks in der »RTL Nachtshow« übernahm. 1995 Wechsel zu SAT1 mit diversen Talk- und Spielshows. Mit dem Start des Nachrichtensenders N24 übernahm er 2000 die tägliche Talkshow »Koschwitz«, in der Menschen aus Politik, Wirtschaft, Kultur und Show zu Wort kommen.

Jürgen Leinemann, studierte Geschichte, Germanistik und Philosophie in Marburg und Göttingen, ab 1966 »dpa«-Redakteur in Hamburg und Washington. Ab 1971 Büroleiter des »Spiegel« in Washington, ab 1976 Reporter im Bonner Büro. Mit dem Fall der Mauer verlegte er seinen Wohnsitz nach Berlin, war Reporter im Berliner »Spiegel«-Büro und ist derzeit Leiter des Hauptstadt-Büros. 1983 erhielt Jürgen Leinemann den Egon-Erwin-Kisch-Preis.

Klaus-Dieter Müller, Studium Germanistik und Sozialwissenschaften. Seit 1983 Werbe- und Marketingleiter der Grundmann-Gruppe (Buchhandlungen Bouvier und Gonski in Bonn, Köln, Koblenz, Siegburg und Hamm).

Geert Müller-Gerbes, Studium der Geschichte, Soziologie und Jura in Berlin. Nach freiberuflicher Tätigkeit für verschiedene Berliner Medien wurde er 1965 Redakteur beim »Tagesspiegel«. 1969-74 Pressereferent des Bundespräsidenten Gustav Heinemann, danach Sprecher des Bundesministers für Jugend, Familie und Gesundheit, 1976-92 Deutschlandkorrespondent für Radio Luxemburg in Bonn. Seit 1992 betreibt er ein eigenes Redaktionsbüro in Bonn. Seit 1988 moderierte der ›Grandseigneur des Talk‹ verschiedene Fernsehsendungen, darunter das satirische RTL-Verbrauchermagazin »Wie bitte?!«. Geert Müller-Gerbes wurde mit dem Bundesverdienstkreuz, dem Verdienstorden des Großherzogtums Luxemburg und mit der Goldenen Kamera ausgezeichnet.

Wolfgang Roeb, seit 1953 im Berliner Karneval tätig, 1956/57 Prinz Karneval in Berlin. Elf Jahre lang Mitglied des geschäftsführenden Präsidiums des Bundes Deutscher Karneval Köln, fünfundzwanzig Jahre Präsident des Landesverbandes Berlin. 1990 Begründer des Karnevalverbands Berlin-Brandenburg, bis 1998 dessen Präsident, seitdem Ehrenpräsident.

Klaus Staeck, Rechtsanwalt, betätigt sich autodidaktisch als Künstler und Galerist, seit 1960 vor allem als Graphiker. Bekannt wurde er insbesondere durch seine provokanten politischen Plakate, die häufig auf die Technik der Photomontage zurückgreifen.

Christopher Wirtgen, kam nach einem Studium der Rechtswissenschaften in Bonn und Lausane sowie verschiedenen Praktika (u.a. bei VIVA) im Januar 2001 nach Berlin. Seitdem ist er Pressesprecher des Berliner Rundfunk 91/4.

Regina Zobel-Müller, Studium Informatik und Mathematik. Seit 1990 Werbung, Marketing und PR für die Grundmann-Gruppe (Buchhandlungen Bouvier und Gonski in Bonn, Köln, Koblenz, Siegburg und Hamm).

Die Herausgeber:

Dr. Franz-Josef Antwerpes, nach einem Studium der Volkswirtschaft und Tätigkeit in der volkswirtschaftlichen Abteilung einer internationalen Wirtschaftsorganisation 1962-75 Referent des Stadtkämmerers und des Oberstadtdirektors, ab 1968 Leiter des Planungsstabes der Stadtverwaltung Duisburg. 1960-68 Vorsitzender des SPD-Unterbezirks Viersen, 1961-69 Mitglied des Stadtrates Viersen und Fraktionsvorsitzender, 1967-70 Landesvorsitzender der Jungsozialisten in NRW, 1970-78 Mitglied des Landtages, 1975-78 stellvertretender Fraktionsvorsitzender. Von 1978 bis 1990 war Franz-Josef Antwerpes Regierungspräsident in Köln.

Friedhelm Julius Beucher, seit 1990 Mitglied des Deutschen Bundestages, direkt gewählter Abgeordneter aus dem Bergischen (Oberbergischer Kreis/NRW), Vorsitzender des Sportausschusses und Mitglied im Untersuchungsausschuß Parteispenden, Vorsitzender der SPD Oberberg und Mitglied im SPD-Landesvorstand NRW. Seit 1975 Mitglied des Rates der Stadt Bergneustadt/Rheinland, 1994-98 stellvertretender Bürgermeister, 1983 Gründer und Vorsitzender eines gemeinnützigen Vereins gegen Arbeitslosigkeit mit derzeit 200 Mitgliedern. Friedhelm Julius Beucher (gen. Julio) hat eine Rechtspflegerausbildung durchlaufen und u.a. als Lehrer, Fachleiter und Rektor gewirkt. Er ist verheiratet, hat eine erwachsene Tochter und lebt in Bergneustadt/Rheinland.

Text- und Bildnachweis

Textnachweis: Tissy Bruns, »Nur wer die Sehnsucht kennt ... weiß, was ich im Berliner Winter leide – ein Bekenntnis«, aus: Der Tagesspiegel, Berlin, 28.2.2001.
Jürgen Leinemann, »Zeichen für die Bonner Ultras«, erweiterte Fassung des Aufsatzes »Du bist viel zu leise‹. Das Ost-West-Projekt zweier Berliner Maler«, in: Jürgen Leinemann, Gratwanderungen, Machtkämpfe, Visionen. Deutsche Momente, Wien 1999, S. 128-136.
Die Beiträge von Günter Gaus, Horst Ehmke und Rolf Kampmann, Richard Kiessler sowie der Auszug aus dem Beitrag von Beate Lemcke sind einer 1998 vorgelegten Broschüre der »Ständigen Vertretung« entnommen. Alle übrigen Texte sind Originalbeiträge.

Bildnachweis: S. 8, 24/25, 27, 29 (o.), 31 (o.r., l.), 34, 38, 39, 41, 42, 47, 48, 53, 61, 70, 71, 73, 80, 81 (l.), 83-85, 89, 94, 97, 99, 102 (l., r.), 105 (o.), 107, 109 (1., 4. Reihe r.), 110, 111, 113 (1. Reihe l., 3. Reihe M.), 118: Archiv »Ständige Vertretung«; S. 10: Daniel Biskup; S. 18, 19, 109 (4. Reihe M.): J.H. Darchinger IFJ; S. 20, 23, 126: Dieter Bauer; S. 28, 29 (u.), 30, 31 (u.), 32, 74, 95, 113 (1. Reihe M., r., 2. Reihe M., r., 3. Reihe l., 4. Reihe, 5. Reihe l., M.), 114: Press Service Int./Frank Ossenbrink; S. 36: dpa; S. 37 (u.): Camillo Fischer; S. 37 (o.): ZEITBILD/Lars Reimann; S. 65: Günter Kambach; S. 67: Heinz Dargelis/Ullstein; S. 75: Thilo Rückeis/Der Tagesspiegel; S. 77, 113 (5. Reihe u.): Bild-Berlin; S. 78, 82: Joachim Bender; S. 79: Rich Richter; S. 81 (r.): Dieter Bauer/Focus; S. 86/87, 103, 104, 105 (u.), 109 (1. Reihe l., M., 2. Reihe l., r., 3. Reihe l., r., 4. Reihe l.), 110: Bundesbildstelle; S. 108: Bernd Spitzkatz/Studio-Z; S. 109 (2., 3. Reihe M.): Sven Simon; S. 113 (3. Reihe r.): ZIK Express, Köln.